农村地区受众的媒介素养与民族团结进步创建

——来自“贵州的故事”

◎ 余光会 / 著

NONGCUNDIQU SHOUZHONG DE MEIJIE SUYANG
YU MINZUTUANJIEJINBU CHUANGJIAN

— Laizi Guizhou de Gushi

中央民族大学出版社
China Minzu University Press

图书在版编目（CIP）数据

农村地区受众的媒介素养与民族团结进步创建：来自“贵州的故事”／余光会著. --北京：中央民族大学出版社，2025. 5.
ISBN 978-7-5660-2499-2

Ⅰ. G206. 2；D633

中国国家版本馆 CIP 数据核字第 2025V5Z520 号

农村地区受众的媒介素养与民族团结进步创建——来自“贵州的故事”

著　者	余光会		
责任编辑	舒　松		
封面设计	布拉格		
出版发行	中央民族大学出版社		
	北京市海淀区中关村南大街 27 号　邮编：100081		
	电　话：(010)68472815(发行部)	传真：(010)68932751(发行部)	
	(010)68932218(总编室)	(010)68932447(办公室)	
经 销 者	全国各地新华书店		
印 刷 厂	北京鑫宇图源印刷科技有限公司		
开　本	787×1092	1/16	印张：14. 5
字　数	230 千字		
版　次	2025 年 5 月第 1 版		2025 年 5 月第 1 次印刷
书　号	ISBN 978-7-5660-2499-2		
定　价	60. 00 元		

目　录

第三编　提升农村地区受众媒介素养之必要性

——大众媒介与贵州农村地区发展

第四编　提升农村地区受众媒介素养以促进民族团结进步创建

结论与探讨

摘　要

信息传播和意义共享的效果如何，成为影响民族团结进步创建的关键。因此，从大众传媒的视角来思考民族团结进步创建显得尤为迫切而重要。本书以贵州农村地区为案例通过对小型而又简单的村庄社会的民族志研究，来回答农村受众媒介素养与民族团结进步创建之间关系这样的“大问题”。在方法上，本书采用对贵州农村地区四个有代表性小型村寨社会的大众媒介使用的田野调查与其受众媒介素养状况的问卷收集以及对其所选村寨精英媒介素养与社会影响关系的访谈研究来获取可相互印证的数据，在此实证基础上，贵州农村地区受众的媒介运用及媒介素养现状得以明晰，大众媒介与农村地区发展的密切关系得以凸显，于是借鉴国内外媒介素养理论和实践以及媒介素养教育经验，本书从“政府传播的主导作用”“大众媒介的社会责任”“受众的媒介素养教育”三方面提供相关实践策略，更从多层面多角度提出对贵州农村地区受众开展媒介素养教育的实践方法，以切实促进贵州地区民族团结进步的活动创建和农村地区的振兴发展。

就研究主题和关注地域来说，对于“农村地区受众的媒介素养”研究，目前传播学中的涉及尚显不足，而对贵州农村地区受众的媒介素养亦尚未给予全面深入的探讨，与民族团结进步创建工作的结合更是尚未见先例，因此研究领域上是一种突破和创新。

就研究方法而言，除采用传统的文献法外，尤其通过借鉴文化人类学的多点民族志方法，实施参与观察和深度访谈等田野方法进行媒介传播学研究，改变了以往以描述和主观判断居多的套路。不仅用“深描”来“实然”地展示大众传媒与贵州民族团结进步创建工作的关系，而且用调查问卷等形式得出数据，通过将宏观性的数据调查与微观性的个案研究结合的方式，实现量化研究与质性研究的结合，在对比实证的基础上，使得研究工作不仅论证有力、数据可靠，且结论科学有据。

就学术思想和研究结论而言，本书有如下独到观点和结论。(1) 欲拓展民族学和传播学的研究空间并取得较有成效的进展，民族学的传媒研究和传播学的民族志方法是一项具有重要意义的工作。(2) 通过问卷调查的宏观量化取证固然重要，微观的民族志个案研究亦不可或缺，从而实现质性研究与量化研究的结合，使得研究更具科学性。(3) 建立在可靠数据、正确结论、科学研究基础上的农村地区受众媒介素养教育策略建构才更具实践性和适用性，才能更好地推进民族团结进步创建工作。(4) 农村地区受众的媒介素养教育与民族团结进步创建具有共通的整体观、系统论和环境原则。(5) 农村地区受众的媒介素养教育与民族团结进步创建的主旨一致，同为一种对受众的人文关怀。(6) 贵州农村地区的手机、电视、电脑拥有率较高，而广播、报纸、杂志等传播媒介已经随着融媒体时代的到来而实现数字化。等等。

由上可知，以民族团结进步创建的村寨示范点为田野点，以农村地区受众为研究对象，通过民族学多元方法探讨农村地区受众媒介素养与民族团结进步创建关系的研究具有其独到之处和学术价值。

绪　论

一、研究问题的提出

民族团结进步创建是新时期民族团结工作的开展平台，自该平台实施以来，它在贵州农村地区的开展情况如何，与大众媒介的关联性如何，以及乡村振兴战略下能否通过贵州农村地区受众媒介素养的提升来进一步推进国家民族团结进步创建工作……这一系列疑问促成了本书的写作。本书是基于“贵州农村地区”这一宏观背景来探讨大众媒介使用以及受众媒介素养与民族团结进步创建之间的关系。本研究主要采用多点民族志的方法，通过对所选不同示范点的民族团结进步创建与其地域受众媒介使用、媒介素养之间关系的实地考察，探索民族团结进步创建中如何更好发挥大众媒介的作用；同时，通过民族团结进步创建视角，探究贵州农村地区受众的媒介素养提升与该创建工作之间的密切关系，建构大众媒介、受众群体和政府机构等三方共同努力下的受众媒介素养提升策略。

（一）大众媒介对民族团结进步创建具有重要的影响

从大众媒介的产生、发展历史看，其首要的作用是作为政治传播工具的存在。民族团结进步创建中民族政策等信息传播必然与媒介发生关联，而其关联程度如何，则是研究中需要探究的问题。和以往任何时候相比，如今的我们有着更加清醒的认识：在全球变革中，人类的共识程度取决于信息内容的有效传播程度和信息意义的共享程度。因此，研究贵州农村受众的媒介信息内容和意义的传播与共享情况，以及媒介对民族团结进步创建工程建设的影响，是契合时代发展的重要主题。

（二）从大众媒介视角思考民族团结进步创建不仅重要而且迫切

马克思主义理论告诉我们：经济发展是文化、民生等上层建筑建设的重要基础。中华人民共和国成立后，贵州作为少数民族地区因符合实际的民族政策，在经济飞速发展的同时，物质文化生活也逐渐丰富起来，政治文明进程加速推进的同时，民族间的互助友爱、团结和谐关系也在不断加强。然而，深入的民族团结进步创建工作，其关键影响因素离不开信息传播和意义共享的效果。因此，从大众媒介的视角来思考贵州民族团结进步创建工作显得迫切而重要。

二、民族志选点说明

因课题研究范围所限，故而选点首先应在贵州省所辖范围内进行，选择的民族志调查村落有：其一，贵阳花溪区高坡苗族乡云顶村；其二，黔南州龙里县湾滩河镇走马村；其三，铜仁玉屏县新店镇老寨村；其四，安顺普定县猫洞苗族仡佬族乡猫洞村；其五，黔东南黎平县雷洞乡雷洞村。

第一个调查点是隶属于贵阳市花溪区高坡乡云顶村。该村距离贵阳花溪仅 31 千米，是贵州省第三批民族团结进步创建活动示范单位。它的奇异喀斯特熔岩地形以及保存完好的古老苗族风情，与高山地貌、旖旎风光一起显现其作为田野调查点的独特性和典型性。

第二个调查点走马村隶属于黔南州龙里县。龙里县是一个拥有汉族、布依族、苗族等 20 余个少数民族的县份，苗族布依族为该县主要少数民族。截至 2023 年底，布依族人口为 4.5986 万人，占全县总人口的 18.96%，纯粹布依族聚居村寨有 133 个，与汉族杂居村寨有 112 个，与苗族杂居村寨有 17 个，而与苗族、汉族共同杂居村寨有 77 个。布依族喜好依山傍水而居，民族传统文化丰富多彩，位于龙里县湾滩河镇西北部的走马村，作为国家民委命名的全国第二批民族团结进步创建活动示范村，且因其布依族文化特色而选择作为第二个调查点。

第三个调查点是玉屏侗族自治县的老寨村。隶属于铜仁地区的玉屏县，素有“黔东门户”之称，总面积约 524 平方千米。玉屏侗族自治县辖 1 乡 3 镇 4 街道 80 个村 22 个社区（居委会），总人口约 20 万人，是贵州省唯一的侗族自治县。其中，侗族人口占70%以上。玉屏作为一个以侗族文化为县域主流文化的自治县，是国家民委命名的全国第二批民族团结进步创建活动示范县，而其老寨村则是“全省民族团结进步创建活动示范村寨”，因而亦有特色和典型性。

第四个调查点是普定猫洞苗族仡佬族乡的猫洞村。从提升农村受众媒介素养与民族团结进步创建这一研究主题来看，该村庄具有如下特点：其一，苗族、汉族、布依族等民族混杂居住，具有民族多样性；其二，具有民族文化多样性且特色明显；其三，2019年猫洞村所隶属的猫洞乡被评为第七批全国民族团结进步示范区。基于以上几点，该调查点同样会使得民族团结进步创建与农村受众媒介素养的关系具有代表性，并可与前面三个选点的情况形成对比。

第五个调查点是黔东南州黎平县雷洞乡雷洞村。雷洞乡的雷洞村隶属于已于2019年即被命名为“全国民族团结进步示范州”的黔东南苗族侗族自治州，该乡的政府所在地为雷洞村，该村多民族聚居，民族文化多元，其中，侗族人口最多，占一半以上，瑶族人口次之，第三位的是苗族，第四位的是水族，还有少数其他民族人口。与第四个调查点一样，具有作为多民族聚居区进行研究的代表性。

总之，选择以上五个较有代表性田野点，能够较好地反映出大众媒介与民族团结进步创建之间的关系。这样选择一则可以节约时间和经费；二则可以在有限时间里尽可能多地接触到研究对象，并掌握田野调查的第一手资料，由此探索并分析出大众媒介与民族团结进步创建的重要指标——经济、文化、教育、民族政策宣传以及民生问题等之间的关联性。同时，多点民族志的方法会对民族志研究中容易出现的微观呈现不足问题起到一定的克服作用，并可使研究在动态的多重关系中呈现出较为宏大的视野。

三、研究意义

本研究从大众传媒视角研究民族团结进步创建，以建立起二者之间的有效沟通和意义共享，具有针对性，并富有时代特征，其研究意义具体如下。

就学术价值而言，首先，该书回应了当前民族学研究的一个趋势，架设了民族学与传播学两学科间关系的桥梁，为两个学科间的交叉研究提供了具有启发性的参考思路；其次，通过对大众传媒在民族团结进步创建中的作用分析，总结出大众传媒对民族团结进步创建产生影响的规律和特点，弥补了大众传媒及受众媒介素养与民族团结进步创建关系研究之不足。

就应用价值而言，首先，通过对贵州省五个选点的民族志研究来印证大众媒介的使用及其影响以及受众的媒介素养现状，在上述基础上提出的推进民族团结进步创建工作的媒介策略，可为政府及相关部门提供政策制定时的参考和问题决策时的依据，从而使传媒的功能得以有效发挥并有效服务地方建设，同时助推贵州区域尤其是农村地区传媒事业的科学发展。其次，让大众传媒与民族团结进步创建发生关联的思维视角以及通过农村地区不同民族受众的媒介素养教育来赋予贵州农村地区一种新型的人文关怀，不仅直接有益于贵州农村地区受众全面素质的提升，也是对新时期乡村振兴战略的及时回应，更对民族团结进步创建事业尤其是对其铸牢中华民族共同体意识的新时期主线和内涵的发展起到直接或间接的推动作用。最后，为国家民族团结进步事业和乡村振兴工作提供有价值参考，从而带来以贵州为代表的农村地区的社会稳定和快速发展。

四、关键概念说明

（一）大众媒介

在辞海中，“大众”的意思是：“原指参加军旅或工役的多数人”，“后泛指人群”[①]。由此可见“大众媒介”关涉的是人这个群体，是某个人或某类人（或物）向人群传播信息以期达至某种效果。中国学者苏炜用“大众传媒”一词让我们明晰了媒体与媒介的区分。他认为，作为信息传播手段的大众传播媒介（简称大众传媒），包括大众印刷媒介和大众电子媒介，均属媒介；而从事大众传播活动的传播组织机构（亦属大

① 《辞海》编辑委员会. 辞海［M］. 上海：上海辞书出版社，1979：757.

众传媒），包括报社、杂志社、出版社、电台、电视台、电影厂、通讯社等，则称为媒体[①]。而美国传播学大家施拉姆则将“大众媒介”（或“大众传播媒介”）划分成了印刷媒介（包括报纸、杂志和书籍等）和电子媒介（包括电影、广播和战后才出现的电视等）两种[②]。《辞海》中对于“媒体”与“媒介”的区别则是强调“媒体”的“大众传播”过程[③]。因此，本研究中所说大众媒介既包括传统大众媒介又包括新媒介，即指大众印刷媒介、大众电子媒介和移动新媒介等，而较少涉及媒体。研究所涉媒介有手机、电视、网络、广播、宣传册、报纸、电影、录像设备、录音设备以及标语条幅和公告栏等。

（二）媒介素养

媒介素养是现代人应具备的个人素养之一，由于“素养”内涵的时代性特点，媒介素养的内涵亦如此，不仅不同时代会有不同界定，即使当今时代不同国家对其理解与界定亦有不同。

媒介素养一词的提出始自英国，后在欧洲、北美洲和大洋洲等地逐渐发展成一种新的教学科目。“媒体识读”是中国香港和台湾地区的称谓，媒介教育（Media Education）是欧洲人的称谓，而美国和加拿大则称媒介素养（Media Literacy）。

关于其定义，美国媒介素养教育专家詹姆斯·波特在其《媒介素养》一书中也说到，媒介传播效果影响人犹如天气影响人一样，只有具备了健康体魄，即可以主动防御天气对身体的侵害，而媒介素养即是让人具有对气候变化的主动判断、预见和适应能力，以致能够主动防御。[④]

另外，中国学者陆晔认为，媒介素养是一种能力，即公众解读和批判媒介信息以及利用媒介有益于个人生活和社会发展的能力，这些能力主要包括对媒介信息的使用能力、理解能力、质疑能力、批判能力和选择能力，是媒介素养是公众对媒介信息的一种解读能力和批判能力，以及能够积极

---

① 苏炜．大众传播论［M］．北京：中国经济出版社，2002：280.

② ［美］威尔伯·施拉姆，威廉·波特．传播学概论［M］．陈亮，周立方，李启，译．北京：新华出版社，1984：5.

③ 辞海编辑委员会．辞海［M］．上海：上海辞书出版社，1979：768.

④ 詹姆斯·波特，李德刚，译，媒介素养［M］．北京：清华大学出版社，2012：23.

主动地利用媒介为个人生活和社会发展服务的能力，具体包括了媒介信息的选择能力、理解能力、质疑能力、批判能力和使用能力，是媒介时代相关的受众的一种基本素质①。中国学者谢金文认为，媒介素养是指人们对大众媒介所具有的一种素养，包括了认识、利用和参与等方面②。

虽然以上各种理解不一而足，但综合中外相关观点，作者倾向于接受中国传媒大学张开副教授在其论文《媒体素养教育在信息时代》中的媒介素养认识作为本文的概念界定，具体来说，包括如下方面：其一，识别大众传媒及其所传递信息的能力；其二，参与、使用大众媒介及其信息的能力；其三，批判性接受媒介信息的能力。

（三）媒介素养教育

自从20世纪30年代初英国学者利维斯和汤普森提出媒介素养教育的概念至今，媒介素养教育得到了世界范围内的重视。但基于各国不同的媒介制度和教育体制，加之，各国公民的媒介素养程度与媒介素养意识水平的差异，各国开展媒介素养教育，所安排的内容就会各不相同。中国的媒介素养教育，在内容设计上主要包括以下方面：其一，着重媒介特质的了解，包括广播、电视、计算机、互联网等媒介的特质及其相关技术。其二，着重信息特质的了解，包括说服性信息与娱乐性信息的特质，价值观问题等。其三，媒介生态，包括媒介信息的制作，媒介运行的环境，对西方媒介产品的认知，媒介管理的法规和政策等。其四，受众管理与特征分析，包括媒介选择、自我管理、科学使用媒介、媒介内容评估和批判、利用媒介发布信息等能力的培养。以使得受众具备主动利用媒体信息并具备批判解读媒介文化的能力。随着媒介普及的速度加快、媒介文化的消费增多、受众对媒介的依赖程度加深，受众会较多接触强势媒介文化，他们的媒介素养能力就要经受考验。

（四）乡村传播

本书还涉及乡村传播问题，对于该问题，学者张斌认为：乡村信息传

① 陆晔. 中国传播学评论：媒介素养专辑［M］. 上海：复旦大学出版社，2008：52.

② 谢金文. 扩大传媒教育，提高媒介素养［J］. 媒介研究，2004（3）.

播的来源既来自乡村内部又来自乡村外部。乡村内部的信息流动主要通过与乡村关系密切的人际交往、乡村组织和大众媒介等方式获取，目的是通过乡村内部信息的正常流通，最终实现意义共享；而与乡村外部进行信息交流活动，其目的则是为满足乡村发展的需要，确保小的乡村社会与整个社会大环境的协调一致①。

五、文献综述与文献评价

（一）文献综述

1. 关于受众媒介素养及教育方面的研究

（1）国外方面的成果。

国外媒介素养教育研究已有八十多年历史。首次关于学校引入媒介素养教育进行阐述的是英国学者利维斯及其学生丹尼斯·桑普森合著的《文化和环境：培养批判意识》，这是一部写于 1933 年的文化批判著作。自此以后，媒介素养教育得以纳入一些国家的课程计划。如今，美、英、加拿大、澳大利亚等国在媒介素养教育方面的经验不断累积。总括而言，已有四个阶段的发展历程：一是 20 世纪 30 年代的防御媒介阶段，即认为大众媒介所传播的消极的负面的信息，对青少年的健康成长有害，因此需要通过培养他们对书籍、高雅文化、真理与美的鉴赏力来提升青少年的自我保护能力；二是 20 世纪 60 年代的理解媒介阶段，即并不认为所有媒介内容都有害，应将媒介文化视为文化现象，同样视为人类生活重要的组成部分；三是 20 世纪 80 年代强调受众对媒介文本批判性解读能力的培养，因为学者们认为，一般受众会将来自媒介建构的虚拟环境视为现实环境，由此会在耳濡目染中接受来自外部虚拟环境强加的价值观念；四是 20 世纪 90 年代后的强调社区参与阶段，即强调通过构建健康的“媒介社区”来发展媒介教育，注重受众的媒介参与能力、媒介交往能力的培养②。代表性思想，一是《英国的媒介素养教育：超越保护主义》（英国大卫·帕金翰）一文中提出可以从两种迥然不同的倾向理解

---

① 张斌. 大众传媒与少数民族乡村政治生活［D］. 武汉：华中科技大学，2012.

② 陆烨. 媒介素养的全球视野与中国语境［J］. 今传媒，2008（2）.

媒介素养教育在英国发展的思想脉络的观点。二是《媒介素养教育运动中的七大分歧》（美国瑞妮·霍布斯《传播杂志》）一文归纳分析了当代媒介素养教育理论研究与教学实践中存在的七大主要分歧，并提出“对上述问题的争议与选择，将在很大程度上决定媒介素养教育的未来走向与格局”的观点。仅以以上论文为代表，不再一一列举。

（2）国内方面的成果。

一般认为，国内第一篇系统论述媒体素养教育的论文是1997年卜卫发表于《现代传播》第1期的《论媒体教育的意义、内容和方法》，二十多年过去，关于知网上媒介素养教育论文的查询已如雨后春笋，达几百篇之多。其中，学者卢锋的文章对中国媒介素养教育的发展情况做了较好的总结，他认为：我国的媒介素养教育及其研究经历了“引入与起步（1997—1999）”“借鉴与成长（2000—2003）”“积累与深化（2004—2005）”以及2006年之后的“反思与深化”等四个阶段。① 另外，在这个引进、消化、吸收过程中的代表性文章则主要集中于2004年“中国首届媒介素养教育国际研讨会”论文集，以及2009、2012、2015、2019年的第二届、第三届、第四届、第五届媒介素养教育国际研讨会论文集。

此外，有关农村与民族地区的媒介素养研究专著，如张宇丹主编、新华出版社2000年出版的《传播与民族发展》，该著作通过对云南民族地区信息传播问题的实证调查获取相关数据，并在分析第一手资料的基础上提出问题与对策，在研究历史与现状的基础上提示思考要点与发展趋势。另外，姚君喜的著作《甘肃大众传播与社会发展报告（2002—2003）》（2005）、周敏的《在乡村望世界：中国农村青少年媒介素养研究》（2016）等在所探究的领域内均达到了较高水准。

2. 关于大众传媒与国家（或地区）发展的研究

传播技术的科学运用能促进社会的经济发展和政治、文化变革已为学者们通过研究所知悉，而村落研究的历史演绎中，大众传媒对乡村生活的影响也已开始受到关注，并构成整个研究的有机组成部分。

（1）国外方面的成果。

继美国学者丹尼尔·勒纳于1958年出版《传统社会的消失——中东

① 卢锋. 媒介素养教育的本土化研究［D］. 南京：南京师范大学，2011.

的现代化》一书之后，韦尔伯·施拉姆、阿历克斯·英格尔斯等学者又出版了一系列有影响力的著作继续探讨传播与社会发展问题。1964 年，施拉姆出版的《大众传播媒介与社会发展》集中于传播与社会发展研究；1968 年，贝罗从传播与传统文化的角度出版了《大众传播与国家发展》；1969 年，罗杰斯从新技术的扩散推广角度出版了《农民的现代化：传播的冲击力》；等等。

20 世纪 80 年代左右，一些国外代表性学术成果通过译介工作传入，于是有这样的论文呈现：《发展传播学——传播学研究的新领域》（1990 年由范东生发表于《国际新闻界》）；《由盛转衰的发展传播学》（1996 年由支庭荣发表于《新闻大学》）；《传播事业与国家发展研究现状》（1988 年由弗里特·罗杰斯所写、刘燕南所译的论作，发表于《国际新闻界》）；《大众传播媒介与社会发展》（1990 年由韦尔伯·施拉姆所著、金燕宁等所译、由华夏出版社出版）；如此等等。

（2）国内方面的成果。

国内学者的本土化研究多注意将国外的理论与中国现实结合。1984 年，祝建华发表《上海郊区农村传播网络的调查分析》一文调查分析了上海郊区农村传播网络。而王怡红的《大众媒介对观念现代化的影响》（1990 年发表于《新闻研究资料第 50 辑》）、闵大洪和陈崇山合作的《浙江省城乡受众接触新闻媒介行为与现代观念的相关性研究》（1991 年发表于《新闻研究资料第 55 辑》）则通过对江苏农村的调研，了解了居民的新闻传播实际接触情况及其因传播而带来的思想观念转变等问题。

迈入 21 世纪的中国传播学者，针对农村受众大众传播媒介的研究，不再仅仅停留于对西方传播学理论的证伪或证真，而是从信息化背景的中国农村实际出发，站在受众角度进行更透彻、更具前瞻性的研究。《我国传媒与建设小康社会——基于发展传播学的思考》（2005 年由胡翼青发表于《扬州大学学报》）、《科学发展观对传播学本土化路径选择的现实意义——重申发展传播学的理念》（2007 年由朱晓军发表于《重庆工学院学报》）、《乡村传播学概念解析——兼论乡村传播学与发展传播学之异同》（2008 年由李红艳发表于《新闻界》）等是其中的代表作。就著作而言，则有《中国乡村传播学》（2005 年由知识产权出版社出版）、《乡村传播与农村发展》（2007 年由中国农业大学出版社出版）以及方晓红的《大众传媒与农村》。

3. 关于新媒体与乡村社会关系的研究。

互联网、手机等新媒体的涌现使得它们与农村发展之间关系的研究成为学者们新的关注点。2007 年中国互联网络信息中心（CNNIC）首次发布了关于农村互联网宏观发展状况的全面调查报告。依据《2015 年中国农村互联网调查报告》，互联网与农村发展主要包括以下内容。其一是如何缩小数字鸿沟，减轻城乡二元结构分化，以建设社会主义新农村，构建和谐社会关系。其二是中国农村互联网宏观环境发展情况。其三是中国农村网民网络应用发展状况。包括：互联网与农产品营销、互联网与农村经济文化发展、互联网对农村教育的影响以及互联网的农村发展模式等。之后虽然没有专门的农村互联网调查报告呈现，但每年一次的互联网发展报告中均有农村互联网情况的相关内容。2024 年 3 月颁布的《第 53 次中国互联网络发展状况统计报告》关于互联网在农村发展情况如下：截至 2023 年 12 月，城镇地区互联网普及率为 83. 3%，网民数量达 7. 66 亿，占比 70. 2%；农村地区互联网普及率为 66. 5%，网民数量达 3. 26 亿，占比 29. 8%。非网民人数 3. 17 亿，其中，农村地区常住人口占比 51. 8%，60 岁及以上占比 39. 8%。同时，2023 年，《数字乡村发展战略纲要》《数字乡村发展行动计划（2022—2025 年）》等政策文件深入实施，农村网络基础设施建设纵深推进，各类应用场景不断丰富，促进农村互联网普及率稳步增长。具体体现在两个方面：一是农村网络基础设施持续完善。截至 2023 年底，5G 网络基本实现乡镇级以上区域和有条件的行政村覆盖。二是农村互联网应用场景持续拓展。农村电子商务、“5G+智慧文旅”等新业态新模式新场景成为进一步繁荣农村经济、促进农民增收的重要抓手。

除上述媒介相关研究外，关于民族团结进步创建的研究情况是：仅见中国知网上数篇论文，并未见有严谨的学术性研究专著，大量存在的是不具学术性的宣传类文章。学术性论文除韩官却加、关桂霞、何启林三人合写的《青海省开展民族团结进步创建活动情况的调研报告》（发表于《攀登》（2005 年第 6 期）外，尚有学者甄朝和党苏丽的《60 年来中国民族团结进步创建工作的启示》（发表于《云南民族大学学报（哲学社会科学版）》2011 年第 5 期）、王承才的《创建城市民族团结进步示范社区的几点思考》（发表于《今日民族》2010年第7期）、黄红梅、张勇的《我国民族团结进步创建历程和启示》（发表于《中国民族报》2011年11月16日）以及谭玉林与青觉合作的《民族团结进步创建的内涵、模式与特点》（发表于《中国民族报》2011年2月25日）等。而由杨芳芳所作的广西民族大学2012年硕士学位论文《南宁市中华中路社区民族团结进步创建研究》则有着更为翔实的内容。该文通过文献分析法和参与观察的方法的运用，梳理了中华中路社区民族团结进步创建活动的阶段、内容成效以及创建经验，并以此为基础构建中华中路社区民族团结进步创建的模式。近年来，主题相关的实践性总结成果相继出版，主要有：《全国民族团结进步示范州创建经验——以青海省海西蒙古族藏族自治州实践为例》等。同时，中国知网上的相关会议、期刊、硕博士论文也已达上千篇之多。

（二）文献评价

综观以上几个方面的研究成果，总体呈现如下特征：

其一，研究主题上，最显而易见的是，成果中尚未有两个主题即媒介与民族团结进步创建结合研究的情况；因此本研究的选择有其创新性。

其二，研究方法上，主观定性分析较多、客观定量调查和民族志个案研究结合进行较少。

就研究整体来说，有关媒介素养及教育的实证研究比较缺乏。该方面研究基本停留在定性分析和主观评述层面。第一手调查数据的缺乏使得学者们对当前媒介素养教育现状精确性的把握有所欠缺，在此基础上的策略提出显得单薄，从而使得观点论证乏力并有结论偏颇的可能。另外，概要性描述媒介素养教育的内容和方法成为研究主体，对现存问题深入细致、切合实际地进行对策分析的缺乏，使得研究的实用性、适用性都比较欠缺。本研究将弥补以往研究之不足，将宏观数据调查和多点民族志个案研究相结合来实现针对受众大众媒介接触及媒介素养的“量化”与“质化”研究的相互印证，以增强数据的可靠性、结论的正确性及研究的适用性。

其三，研究内容上，不仅贵州地区受众媒介素养教育研究较少，更是未曾见有关于贵州农村地区受众的研究。

对于贵州地区农村受众媒介素养及教育的研究仅限于在学术期刊或学术论坛中的少量文章，且研究对象多为学生群体。既缺少通过教育部门等社会机构综合探讨媒介素养教育实践的多维视角，又缺少对贵州地区的具体关注，因此本研究不但从政府传播的主导作用、大众媒介的社会责任、受众的媒介素养教育等三方面提供实践策略，更从多层面多角度提出对贵州地区受众开展媒介素养教育的实践方法。同时在研究逻辑上通过民族团结进步创建中大众媒介的传播效果提出受众媒介素养教育问题比较顺理成章。

六、研究方法、研究思路、研究假设

（一）研究方法

本研究将以多点民族志方法为主，辅以历史文献法、问卷调查法、访谈法等。

1. 多点民族志

多点民族志研究方法是对文化人类学方法的借鉴，它的发展经历了由民族志到大众传播民族志再到大众传播多点民族志三个阶段。

马林诺夫斯基所创立的“参与观察法”是起始于20世纪的“民族志（ethnography）”研究方法体系的核心内容之一。后为其他学科所引用。传播学领域运用该方法的代表性著作有：柯克·约翰逊博士的《电视与乡村社会变迁》，戴维·莫利的《电视、受众与文化研究》。

长期以来“应然”方法在大众传媒研究中的主要运用，极易造成理论与实践的矛盾性，‘实然’研究则可以如实、正确地描述研究事实。大众传播民族志对媒介的实际运用情况采用民族志的方法进行参与观察与深度访谈的“实然”研究。

“多地点民族志”分别描写各个地点的活动结果和取向，并将其相互联系，以带来研究在宏观上的拓展。

做个案，打深井，深入进去，才能掌握第一手资料，才能有深刻体悟。与实践紧密结合的“实然”研究，让研究活力生生不息。

2. 问卷调查法

问卷调查法是实证研究中常用的一种研究方法，主要通过调查问卷间接获取资料，可以直接接触被试者。由于该方法不受时空限制的方便性，为尽快尽多掌握相关材料，并从时间和经费考虑因而使用此法作为研究方法之一。

3. 文献法

通过查阅和收集相关的研究成果和最新文献资料，将它们搜集、整理和归纳；同时通过搜集整理关于田野调查点的相关资料文献，来了解民族团结进步创建情况以及大众媒介的应用情况。文献法的运用旨在弥补民族志静态研究之不足。

4. 访谈法

采用结构式访谈法对田野点为主的村寨精英等受众依据访谈提纲进行访谈，以克服相关文献之不足，印证问卷调查所得大众媒介应用及受众媒介素养的结果。

（二）研究思路与研究假设

本书以贵州农村地区五个民族团结进步示范村寨为个案，以特定时空下受众大众媒介使用及其媒介素养状况与民族团结进步创建之间关系的实际调查为基础，在绪论之后又分一、二、三、四编来进行谋篇布局。

1. 结构框架

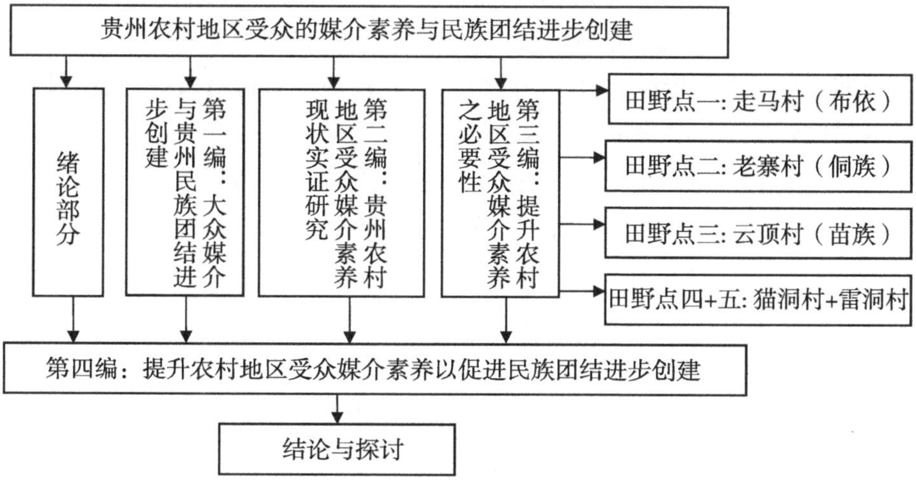

图 0-1　本书的具体内容结构

2. 研究思路

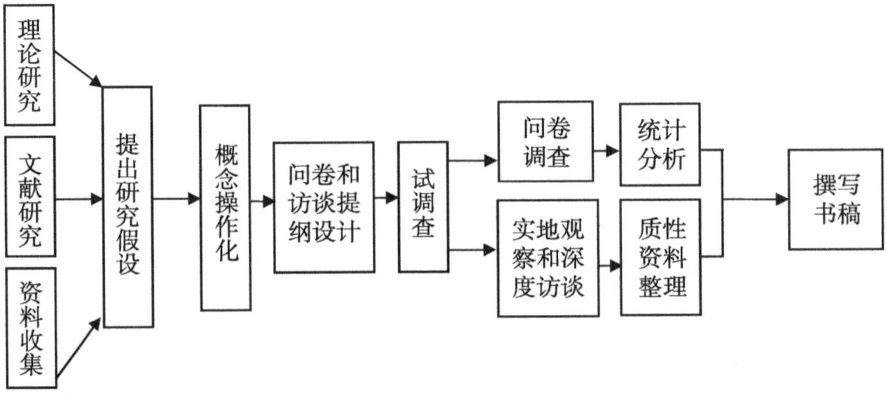

图 2　本书的具体研究思路

3. 研究假设

为了克服研究的弊端，并与调查实际相比对，我们对相关研究内容进行了如下预想。

（1）贵州地区村民的整体文化水平较低，缺乏足够的媒介运用和媒介文化认知能力。

（2）由于组织传播自上而下的科层化色彩，国家政策是一个由中央政府逐级传递的过程，村民主要依此模式和过程获取政策信息。

（3）便捷的手机媒介使用和内容获取使得村民获取某些宏观政策信息的时间要早于组织传播，因此一些信息素养较高或者说对政策信息比较敏感的村民要早于一些村干部了解到某些国家政策。

（4）尽管国家政策已被村民通过大众媒介或组织传播了解，但若要政策真正在村寨实施或产生作用，人际传播的助推作用则是更加需要的。

（5）随着社会发展，贵州农村地区受众的媒介素养能力有所提高，大众媒介提供了村民参与民族团结进步创建的必要信息服务，且大众媒介的议程设置与民族团结进步创建的现实议题具有一致性。

（6）传播学理论告诉我们，舆论领袖在传播信息到达一般受众这一过程中的作用非常重要，而舆论领袖、大众传播、人际传播可谓其中要素。因此，在贵州民族团结进步创建中，很大程度上是通过具有较高媒介素养的村寨能人发挥大众媒介作用的，这一点在整体文化水平不高的贵州农村地区应有明显体现。

（7）大众媒介对贵州青少年的民族团结进步创建活动参与具有重要影响。贵州青少年通过大众媒介了解民族团结进步创建知识，并依据相关知识引导向着顺应社会要求的方向发展。

（8）大众媒介的迅速发展为民族团结进步创建提供了良好条件，民族关系因有效的信息沟通而得以和谐发展，国家民族政策因之得以有效推行。

（9）涵化理论揭示，大众媒介对提升受众媒介素养和加深民族团结进步创建的认识具有耳濡目染的影响，大众媒介的介入，传媒资讯的发达，贵州农村地区受众对民族团结进步创建的认识已不再被动，其媒介素养状况也已得到提升。

七、创新点和不足

（一）创新点

1. 研究方法创新

除了采用传统的文献法外，尤其借鉴文化人类学的多点民族志方法，通过参与观察和深度访谈等田野方法进行媒介传播学研究，改变了以往以描述和判断居多的套路。用“深描”来“实然”地展示大众媒介与贵州农村地区民族团结进步活动创建的关系。通过宏观的数据调查与微观的个案研究来实现量化研究与质性研究的结合，在对比实证的基础上，使得研究论证有力、数据可靠、结论有依。

2. 研究领域创新

目前，“农村受众媒介素养”是一个传播学较少涉及的领域，对贵州这样一个少数民族居多的地区，其农村受众的媒介素养亦尚未给予深入全面的关注。而与民族团结进步活动创建相结合的媒介研究更是未曾见到，因此在研究领域上也是一种突破和创新。

3. 研究结论创新

通过研究，本书得出一些较为新颖的研究结论，如：贵州农村地区受众的手机使用率较高，电视次之，而广播、报纸、杂志的使用率极低；媒介素养教育与民族团结进步活动创建同具人文关怀的意义；媒介素养教育与民族团结进步活动创建具有共通的整体观、系统论和环境原则；等等。

（二）研究不足

其一，资料上的不足。因写作时间限制，有待后续调查继续和深入，因此资料收集不够全面细致。

其二，深度上的不足。由于涉猎内容较多，时间又紧，故而没能在数据资料的基础上做出更深入剖析和理论建构。论证的效力虽然存在，但仍有待加强。

八、论文中地名与人名使用说明

民族志中的地名和人名依人类学的惯例进行了相应的处理，地名上采用了真实名称，但在人名使用上做了必要处理。

第一编

大众媒介与贵州民族团结进步创建

第一章

第一章　贵州民族团结进步创建概况

民族问题是影响多民族国家长治久安、繁荣发展的一个重要问题，民族工作是党和国家的一项重要工作。作为一个拥有56个民族的省份，创建全国民族团结进步模范示范区一直是贵州民族工作的主体和新的工作重心，为促进贵州经济社会的进一步快速发展，推动该地区相较于全国的后发赶超，实现贵州民族团结进步创建的新跨越，从而进一步巩固和提升贵州在全国的综合影响力，并同时推动国家民族团结进步创建，首要一点就是要了解民族团结进步创建及其在贵州的工作开展情况。

第一节　民族团结进步创建的内涵、渊源、模式、特征

民族团结进步创建是中国特色社会主义事业建设的重要组成部分。为了民族团结进步事业的蓬勃发展，首先要对民族团结进步创建的相关内涵予以深入了解。

一、民族团结进步创建的渊源

1978年党的十一届三中全会召开后，中国民族团结进步事业亦同其他事业一样重新起航。“创建民族团结进步事业活动”这一说法起源于1988年4月25日在北京召开的第一次全国民族团结进步表彰大会，时任国务委员的陈俊生在报告中首次使用，由此，也成为全国范围内大规模开展民族

团结进步创建活动的起点。1996 年，这一活动以中央文件形式得以固定。2005 年，民族团结进步创建活动被国务院确立为国家的一项法定活动。同时民族基本知识、民族政策、民族理论和民族法律法规等四个方面的宣传教育也一并提出。2009 年 9 月 29 日召开的第五次全国民族团结进步表彰大会不但强调了继续推进民族团结进步事业的意义，并提出了具体要求。2010 年 2 月 1 日，为贯彻落实中央的要求，中央宣传部、中央统战部、国家民委联合下发《关于进一步开展民族团结进步创建活动的意见》（民委发〔2010〕13 号），倡导在全国范围内广泛开展民族团结进步创建工作，以促进少数民族和民族地区发展。从此，民族团结进步创建活动便在“三部委”领导下开展，并成立了“民族团结进步创建办公室”。2012 年 6 月，中央统战部、中央宣传部和国家民委联合命名了第一批全国民族团结进步创建活动示范单位，此后的示范单位命名工作持续展开。随着民族团结进步创建活动评价标准的逐步全面、系统和完善，针对全国民族团结进步示范州、县测评指标的文件又进一步升级并重新确立。

与国家政策相呼应，早在 1984 年 9 月 13 日—17 日召开的贵州省首次民族团结表彰大会上，贵州省授予 132 个民族团结模范先进单位和 226 名民族团结模范、民族团结先进工作者荣誉称号（见李承信，若璞的短篇报道《贵州省召开民族团结表彰大会》，《中国民族》，1984 年第 10 期）。自此之后的 1989 年、1995 年、1998 年和 2003 年这样的表彰大会又相继举办。自 2005 年起，正式确定贵州民族团结进步先进表彰每五年一次，同时确立每四年一次的贵州省民族文艺会演和少数民族传统体育运动会举办时间。随着民族文化进校园和民族传统体育项目基地建设等工作的开展以及“全省民族团结进步宣传教育活动月”“宣传活动月（周）”的确立，民族团结进步创建活动的内容得以完善和丰富。在“三部委”于 2012 年 6 月联合命名的第一批全国民族团结进步创建活动示范单位中，贵州省松桃苗族自治县入选 10 个全国民族团结进步创建活动示范县（旗）之列；2014 年 9 月，第二批民族团结进步创建活动示范单位的命名中，贵州省的铜仁玉屏侗族自治县、黔西南布依族苗族自治州册亨县进入 24 个示范县（市、区、旗）之列；黔东南苗族侗族自治州锦屏县隆里乡华寨村、黔南布依族苗族自治州龙里县羊场镇走马村进入 11 个示范村之列，成为村寨创建活动的佼佼者。此后，第三批、第四批一直到现今的第十批民族团结进步创建活动示范单位均有贵州省在列，且多个单位不同批次地获批全国民族团结进步教育基地。截至2021年，贵州省荣获全国民族团结进步示范区的单位总数为全国第五，共72个。正是从这些国家级（或省级）的民族示范单位中，本书选择贵阳花溪云顶村、龙里县走马村、玉屏县老寨村、普定县猫洞村以及黎平县雷洞村等五个地方作为田野调查点。

二、民族团结进步创建的模式、特征

（一）民族团结进步创建的模式

民族团结进步创建工程依据其创建活动主体和发挥作用的不同分为政府主导和社会生成两种模式。前者突出政府在主导、组织和动员等方面的作用，其体现为自上而下的统一安排，创建活动主体、主题、内容、保障、计划和总结表彰等环节一般都具有一定的确定性和较强的目的性。这一模式的驱动力来自国家民族政策，体现了政府的主张，具有明确的社会导向性。因本书所选调查点是基于政府主导模式，故而社会生成模式的论述从略。

再者，民族团结进步创建工程又依据其创建活动主题和空间环境的不同分为军地创建、对口创建、城市创建、村寨创建、校园创建、观寺创建、边疆创建、民族地区创建、非民族地区创建等多种模式。依本地实际情况开展具有针对性的主题性创建活动是提升创建效果的有效途径。本书所选调研点则主要属于村寨创建模式。建立民族团结进步模范村寨是村寨创建模式的主要形式，消除历史积怨，化解现实纷争则是村寨创建模式需要重点解决的问题。民族文化进校园也是村寨创建的主要内容。

（二）民族团结进步创建的特征

民族团结进步创建是一项系统工程，涉及民族工作领域的方方面面，具有目的性、群众性、时代性、创新性、针对性等特点。①

民族团结进步创建的明确目的性。依据社会发展状况，在承继以往传

① 民族团结进步创建的内涵、特点和模式［EB/OL］. http：//www.fjmzzj.gov.cn/jhtml/ct/ct_ 1917_ 255215.

统的基础上进行民族团结进步创建，其最终目的在于贯彻落实国家民族政策，维护好民族团结、社会稳定和祖国统一的局面，促进民族地区经济社会的进一步发展。

民族团结进步创建的广泛群众性。首先，民族团结进步事业的出发点和落脚点在于实现、维护并发展好全国各族人民的根本利益。同时，民族团结进步创建的着重点在于动员各族群众广泛参与，鼓励各族干部群众积极探索实践。再者，具体创建活动中要求尊重群众、立足基层、贴近实际、贴近生活，主题选择上要求鲜明、生动，内容设计上要求丰富、鲜活、实在。由此，民族团结进步创建的广泛群众性得以建立，我国各族人民不仅成为活动的参与者，更成为其最大受益者。

民族团结进步创建的鲜明时代性。六十年的民族团结工作进程，不同政策措施运用于不同时期。主要政策措施包括：宣传并执行国家及各级政府的民族政策，搞好统战工作，提拔培养民族干部，增进民族关系等。在各民族成员间交往、交流不断增多的今天，民族工作的社会化，民族团结进步创建需要全社会共同努力和参与成为鲜明的时代特征。

民族团结进步创建的永恒创新性。随着时代发展，根据社会新情况创新开展工作是民族团结进步创建的另一个不变特点。当前的国际新情况是一些西方势力针对中国进行一系列破坏国家稳定和社会和谐的分裂渗透活动。而国内的新情况则是当工业化、信息化、城镇化、市场化发展到一定程度，各民族间的交往随着跨区域流动而日益频繁，在全社会出现了影响民族团结的新情况。而与时俱进，不断创新，正是中国民族团结进步事业不断发展的动力源泉和历史实践。

民族团结进步创建的切实针对性。依据民族关系实情开展民族团结进步创建活动，需要针对具体地区、具体人群以及具体的民族关系状况来安排计划和实施方式。强调针对性的原因一则是源于多样性的创建活动方式选择的需要，二则是为了达成创建活动的预期效果。如，农村地区的创建活动开展应以技术服务和农业信息提供为主，并高度重视创建活动在乡村基层干部群体和农村青年群体中的开展，等等。

综上所述，只有民族团结进步创建长期、持续地开展，才能以此庞大工程为社会带来真实而又具体的效益。

三、民族团结进步创建的具体内涵

自中华人民共和国成立起，民族团结进步工作便成为增进中国多民族国家建设和软实力提升的一项重要举措，并作为各民族人民共同参与的事业，成为中国特色社会主义事业的重要组成部分。

民族团结进步创建作为一项社会工程，是在政府主导下，各民族参与下的一项推进民族团结和各民族共同进步的活动。从其词义构成看，“民族”“团结”“进步”和“创建”四个词汇包含了“民族团结”“共同进步”“民族团结进步事业”和“创建民族团结进步事业”四个层面的含义。其一个目标和任务是“团结”，即民族团结。其另一个目标和任务是“进步”，即各民族共同进步，也是创建的方向。开展民族团结进步创建的根本目的是实现各民族的共同进步与发展，并通过活动“创建”来实践和推动。

立意于民族工作，习近平总书记提出了“五个认同”思想，即对伟大祖国、中华民族、中华文化、中国共产党、中国特色社会主义的认同。民族团结进步创建也是为着增进各民族的国家认同感，消除民族中心主义思想，促进各民族成员间的互助互信、和谐共处，从而增进影响一个多民族国家稳定、统一与发展的内在力量，即国家凝聚力。

新时期的民族团结进步创建不仅与政治、经济、社会及文化建设密切关联，同时紧随国家的整体发展战略而与时俱进地进行工作内容的调整。

随着铸牢中华民族共同体意识于2017年在中国共产党第十九次全国代表大会上被写入党章，当前中国民族团结进步创建的重要原则和相关内容便与此主题紧密相关。该主题所包括的具体内容有：各民族共同建设的共建意识；各民族使命与责任共同承担的共担意识；各民族文化与成果共同分享的共享意识；各民族共同归属于中华民族的共属意识。

四、民族团结进步创建活动的功能、价值

民族团结进步创建活动，是通过开展多种形式的专题活动，如：结合

少数民族传统节日的创建活动，则可通过活动增进参与活动的各民族群众间的交往、交流和交融，从而增进民族间的团结。同时，通过创建活动中的不同民族优秀文化的弘扬，展现由不同民族文化共同构成的中华文化的丰富内涵，并展现其不断增强的生命力和创造力，以此提升中华民族的文化认同感和向心力。

从功能的角度分析，民族团结进步创建这样一种促进民族发展的管理方式是为了维系各民族的公共生活的需要而产生的。就其价值而言，为各民族的公共生活建立有效秩序是其首要目标。

第二节　国家的总体思路及贵州地区的具体推进

民族团结进步创建活动的长期持久开展有其重要社会意义，一则有利于党和国家民族政策的推广落实，二则有利于民族地区的经济社会发展，三则有利于民族团结、社会稳定和国家统一的维护保持。为此，在了解民族团结进步创建的内涵、渊源、模式、特征及价值的基础上，国家的总体思路及在贵州民族地区的具体实施亦应昭然在目。

一、国家的总体思路

由三部委联合下发的《关于进一步开展民族团结进步创建活动的意见》中对该活动的总体目标和具体形式进行了阐释。

（一）总体目标

其一，推进党和国家民族政策的贯彻落实。这套民族政策的基本内容为：民族平等、民族团结、民族区域自治、实现各民族共同繁荣等。

其二，促进少数民族和民族地区经济社会发展。加快少数民族和民族地区经济社会发展是民族团结进步创建活动中放在突出位置的问题，并以切实保障和改善民生作为民族地区经济社会发展的出发点和落脚点。

其三，维护民族团结、社会稳定和国家统一。为此，每个公民要着眼于巩固各族人民的大团结，着眼于弘扬以爱国主义为核心的民族精神，增强国家认同、民族认同、文化认同和国家制度认同等，并增强“三个离不开”[①] 观念。

其四，依法妥善处理影响民族团结的问题。为此，既要引导各族群众学会运用法律来表达诉求和维护权益，又要在出现影响民族团结的问题时，及时妥善地处理。深入开展民族政策和民族团结宣传教育，使民族团结进步创建活动丰富多彩，有声有色。

（二）具体形式

其一，广泛开展争优创先活动。开展争优创先活动的目的是通过先进模范引领带动大众，主要包括：民族团结进步模范市（县）、乡（镇）、村（社区）以及模范单位和个人等的评选。因此，争创和表彰民族团结进步模范，成为民族团结进步创建活动的一项重要内容。

其二，表彰并宣传民族团结进步的先进典型。采取多种形式，以便在全社会形成自觉维护民族团结的良好氛围。如定期召开表彰民族团结进步模范集体和模范个人、大力宣传先进典型的模范事迹等，让模范事迹家喻户晓、深入人心，充分展示各族人民的时代精神风貌，增强中华民族凝聚力。

其三，加强民族团结的宣传教育。把民族团结教育纳入国民教育全过程，以群众喜闻乐见的形式，结合具体情况，阶段性和经常性宣传教育结合，扩大宣传教育覆盖面，增强宣传教育针对性和有效性。坚持宣传教育的多层次性，做到既教育群众，更教育干部；既教育少数民族干部，更教育汉族干部；既教育一般干部，更教育领导干部。

其四，组织各种形式专题活动的开展。开展民族团结宣传月、宣传周、宣传日活动，集中进行民族政策和民族团结的宣传教育，努力营造民族团结的良好氛围。各级民族自治地方要进一步开展逢十周年庆典活动、民族团结先进事迹报告团，深入开展民族政策和民族团结宣传教育，使民族团结进步创建活动丰富多彩，有声有色。

其五，利用少数民族传统节日开展民族团结进步创建活动。通过利用少数民族传统节日开展民族团结进步创建活动，在促进各民族交流、理解

① 汉族离不开少数民族，少数民族离不开汉族，各少数民族之间也互相离不开。

和团结的同时，增进中华民族凝聚力，铸牢中华民族共同体意识。

其六，充分发挥民族团结进步教育基地的作用。民族团结进步教育基地是进行民族团结进步宣传教育，促进各民族共同团结奋斗、共同繁荣发展的宝贵资源和重要场所。充分利用好教育基地，通过组织各族群众参观学习，举办专题报告、讲座等方式，开展民族团结进步教育。

二、贵州地区对民族团结进步创建活动的具体实施

作为实现民族团结目标的有效途径，遍及全国的民族团结进步创建活动在以少数民族为主要聚居地的贵州开展极具代表性。其活动的开展亦在国家的总体目标指导与具体形式的引导下进行。

（一）确保创建工作政治方向，制定“四个坚持”“五个示范”方针

为了民族团结进步创建活动的顺利开展，贵州省制定了“四个坚持”的指导方针，即：坚持把民族团结进步创建活动与加快贵州地区发展相结合，夯实民族团结进步创建的物质基础；坚持把民族团结进步创建活动与坚持和完善民族区域自治制度相结合，打牢民族团结进步创建的制度基础；坚持把民族团结进步创建活动和加强民族团结宣传教育结合，巩固民族团结进步创建的思想基础；坚持把民族团结进步创建活动与加强能力素质建设相结合，提升推进民族团结进步创建的能力基础。

同时，贵州省政府出台五号文件提出建设“五个示范”的具体意见。[①]并从简政放权、生态产业、财税金融等方面对建设示范区提供具体政策支持。

（二）探索创建工作实施途径，选树创建先进典型

为推进民族团结进步创建活动在贵州省的广泛开展，贵州省通过以下路径予以实现，即：表彰民族团结进步创建的模范集体和模范个人；开展

① 即在改善民族地区民生问题上作示范，在推动民族文化大发展大繁荣上作示范，在推动民族地区经济社会协调发展上作示范，在执行民族政策上作示范。

民族团结进步示范村（社区）创建；组织形式多样的群众性创建活动。对于国家级、省级模范单位或个人，则会以微视频、微电影、故事集、宣传册等形式展示于网络等媒体上，以充分发挥先进典型的示范引领作用。

（三）建立长效机制，不断深化宣传教育引导

自2006年起，贵州省形成了以每年10月作为“全省民族团结进步宣传教育活动月”的惯例，并通过有针对性的活动面对具体对象开展形式多样的民族团结进步创建活动。

针对民族团结进步创建工作的广泛性、群众性和时代性特点，建立大宣传理念，将相关思想教育和政策宣传纳入总体规划，推动“两个共同”①和“三个离不开”深入人心。

（四）贵州民族团结进步创建的全面发展方略

民族团结进步创建活动的深入开展，极大地促进了贵州经济社会发展，形成了贵州省民族团结、社会稳定的良好氛围。其具体发展方略如下。

（1）改善生产生活条件。加快民族地区经济社会发展是促进民族团结的基本条件和重要保证。截至2020年，贵州民族自治地方（3州11个自治县）国内生产总值上升至5408亿元，比2015年的3327亿元净增2081亿元，年均增长8.8%，增速高于全国平均水平。其中，黔东南州、黔南州、黔西南州三个民族自治州地区生产总值在全国30个自治州的排名分别为第9、第4、第8，较2012年的第13、第10、第14均有所提升。11个自治县地区生产总值也保持了稳定增长。与全国全省同步，全面建成小康社会。

（2）改善贵州地区的基础设施和民生等问题。截至2020年，贵州民族地区实现县县通高速，高速公路路网不断增密。多个高铁站在3个自治州建成开通。同时加速布局民用航空，开工建设威宁机场，实施荔波等支线机场改扩建，黄平旧州机场获颁A2级机场使用许可证，并作为贵州通用机场取证运营。事关民生的“两基”和农村低保、医保、重特大疾病医

① 共同团结奋斗，共同繁荣发展。

保全面覆盖地区，县、乡、村三级医疗机构，人员配备和能力建设均已达到国家基本医疗有保障工作标准。设立省级民族教育专项资金（2980万元/年），实施农村饮水安全工程，改善贵州群众的生活条件。

（3）贯彻落实相关民族政策和法律法规。贵州省紧密联系少数民族和民族地区经济社会发展实际，找准创建工作与加快民族地区发展的结合点，把民族团结进步创建活动同检查民族政策和法律法规的贯彻执行、学习宣传相结合，落实国家对少数民族和民族地区发展的各项扶持政策。在民族团结进步创建活动中，通过开展马克思主义民族理论、国家民族政策、民族法律法规和民族知识学习和宣传，使“两个共同”和“三个离不开”的思想观念不断深入人心。并通过对创建工作与民族情感共鸣点的准确把握，使民族团结进步成为社会的共识，从而确立平等、团结、互助、和谐的社会主义民族关系。

（4）民族文化的繁荣发展。《贵州省民族民间文化保护条例》的颁布实施旨在确保拥有17个世居少数民族的贵州民族传统文化的承继创新与繁荣发展，同时，“多彩贵州”系列活动成功推动了民族文化的弘扬。另外，民族非物质文化遗产的保护与抢救工作也是民族文化繁荣发展的重要内容之一。截至2023年，贵州省国家级少数民族非物质文化遗产名录有9项，省级628项，更有3项入选联合国教科文组织人类非遗代表作名录。通过民族文化传承、保护和发展措施的实施，“多彩贵州”优秀民族文化得以繁荣发展。

（5）干部的培养选拔。与其他任何事业的发展一样，贵州地区人才培养和干部队伍建设对民族地区发展至关重要，既管长远又管根本。为此贵州省采取一系列行之有效的措施，不断增加少数民族干部队伍数量和人才培养，均衡人员结构，提高人员素质。

（6）为民族团结进步创建注入新活力。青年是一个国家的未来，重视对青少年民族团结进步创建教育不容忽视。通过民族团结教育内容进学校、进教材、进课堂的工作开展，使“三个离不开”的思想观念深植各族青少年心中，从而不断夯实各族人民共同团结奋斗的思想基础，培育民族团结进步事业的新生力量。

（五）贵州民族团结进步创建的目标之一——建成繁荣发展示范区

国务院《关于进一步促进贵州经济社会又好又快发展的若干意见》

（国发〔2012〕2号）于2012年1月的推出，贵州确立了自己民族团结进步创建工作的战略定位，即建成民族团结进步繁荣发展示范区。为此，贵州省相继出台了《关于建设民族团结进步繁荣发展示范区的意见》和《建设民族团结进步繁荣发展示范区的意见责任分解落实方案》，以具体政策要求和措施开展示范区建设工作。针对农村地区的主要工作如下。

1. 持续改善贵州地区人口生活，大大提升地区经济

一方面，联合国开发计划署于1990年发布的人类发展指数，是衡量一个国家或地区社会生产力发展水平的重要指标，比单一人均GDP指标更能反映一个国家或地区的发展水平。另一方面，产业结构状态规定和影响着一个国家或地区经济增长的质量、水平和效益，也是衡量社会生产力发展水平的重要方面。固定资产投资规模和基础设施状况又反映了一定时期一个国家或地区物质资本的积累状态和水平。因此，为持续改善贵州地区尤其是农村地区人口的生活，使其人均纯收入增幅能在不断高于全省平均水平的基础上最终持平于城镇居民，以实现地区经济的后发赶超，贵州从经济增长、人类发展指数、产业结构水平、基础设施建设、人力资本和教育以及固定资产投资增长等方面进行了目标规划的制定。

2. 发展保护贵州地区民族文化

每个民族的文化都有其独创性和精华，都蕴含着自身的生存智慧和人性化的东西，因此都有其保护的必要性。一方面，为实现民族文化欣欣向荣地持续发展，贵州出台各种有效政策措施保护和传承民族文化，极大提高以侗族大歌、安顺地戏、苗族蜡染等为主的一大批各级非物质文化遗产的知名度和美誉度，培育壮大一批民族文化品牌，并建立各级政府公布的文化遗产名录，在传承人认定体系指导下确立了各级非遗文化传承人。另一方面，务实的文化产业工作也不断惠及民生。文化资源的经济价值不断凸显，民族文化演艺业蓬勃发展，民族工艺品产业长足发展，文化产业园建设初具规模，民族文化与旅游的互动更成为贵州建设民族文化的一大特色，贵州旅游业早已由风景名胜观光游转向民族文化体验游。再者，公共文化服务体系建设初见成效。基层公共文化设施网络覆盖城乡，基层公共文化惠民工程形成规模，基层民族文化公共产品供给不断扩大，基层公共文化服务能力着力提升，城乡基层文化活动不断丰富。总之，公共文化体系建设已纳入示范区建设整体目标管理中。

3. 建设生态文明

生态文明是一种文化伦理，是人类文明的一个更高级形态。其目的在于人与人、人与自然、人与社会良性互动目标的达成。良好的生态环境建设成为贵州生态文明的展示内容和重要特色优势。贵州不仅生态区位重要且生态功能突出。生活其中的、已经实现全面脱贫的农村地区，这种脱贫是否具有可持续性尚有待实践和时间检验。实现生计模式的转变和生计的转移而非直接依靠自然环境所获资源成为贵州生态文化建设的最重要的本质内容。

4. 巩固平等团结的民族关系

贵州各民族关系的主流一直是和谐共生、亲密互动和相互交融的“一家亲”，因此要有针对性地开展民族团结进步宣传教育，使得这一主旋律得以在民族团结进步创建中弘扬。运用广播、电视、报刊、图书、网络等媒体，加强对民族理论、民族政策、民族法律法规、民族知识的宣传教育，重视对干部进行民族理论、民族政策的学习和教育，并通过使其下乡进村等活动将党的民族政策送到群众身边。在中小学和各级各类学校开设民族团结教育课程。并以民族传统节日、重大节庆活动为契机，开展民族团结教育活动。从而做好民族团结的舆论宣传工作。通过创建民族团结进步示范点，通过典型带动、示范引路、以点带面、辐射周边的良好榜样示范作用，消除影响团结稳定的各种隐患，巩固平等团结、互助和谐的社会主义民族关系。

（六）贵州民族团结进步创建的目标之二——建设铸牢中华民族共同体意识模范省

培育中华民族共同体意识是中国共产党在治国理政的实践过程中，通过探索逐步形成的新的民族理论成果，具有理论与现实相统一的方法论特征。铸牢中华民族共同体意识的概念提出和内涵丰富，经历了认识上不断深化、理论上不断完善、实践中不断发展的过程。“中华民族共同体意识”第一次由习近平总书记提出始于2014年的中央新疆工作座谈会；2017年党的十九大报告上，则明确指出：“深化民族团结进步教育，铸牢中华民族共同体意识，加强各民族交往交流交融，促进各民族像石榴籽一样紧紧抱在一起，共同团结奋斗、共同繁荣发展”①。2022年党的二十大报告又提出“以铸牢中华民族共同体意识为主线”，加强和改进党的民族工作。于是便有了民族工作的七个转向产生。即：对于中华民族，由以往的强调多元转向强调一体，由以往的增进民族间团结转向重视中华民族整体的融聚发展；由以往的建构族际话语体系转向建构中华民族整体话语体系；由以往的做不同少数民族工作转向做不同民族间的“铸牢”工作；由以往重点面向民族地区转向面向全国各地；由以往的重视差异性转向培育共同性；由以往的主要考虑“管肚子”转向既“管肚子”又“管脑子”。

作为对国家民族政策的及时响应，早在2021年，贵州省就提出要“努力建设铸牢中华民族共同体意识模范省”，并以此为引领，着力打造“六个典范”,② 围绕“六个典范”，又于2023年印发了《贵州省建设铸牢中华民族共同体意识模范省实施方案》，旨在努力建设铸牢中华民族共同体意识模范省。

中华民族共同体“既是命运共同体，也是文化共同体，更是政治共同体”③。培育和铸牢中华民族共同体意识是维护国家统一，加强民族团结，凝聚民族力量的重大举措，是维护民族地区社会和谐稳定的重要条件，也是推动中华民族大团结，促进各民族共同团结进步、共同繁荣发展的重要条件。

就思想宣传而言，以“中华民族一家亲 同心共筑中国梦”为主题，通过开展宣传月活动，宣讲党的民族宗教政策、共产党百年奋斗史、改革开放历史成就等，增进各族群众的家国情怀和感恩之心。

就媒体宣传而言，充分发挥传统媒体的阵地作用，运用好各级报纸和电台，开辟民族团结进步创建栏目，运用民族语言广播进行民族政策宣传和思想意识引导，宣传国家和贵州当前发展成果。推进新兴媒体的建设运用，在进行网上舆论宣传引导和与不良意识作斗争的同时，网络电视和新闻平台的建设同样起到很好的宣传作用。建成各级微信公众平台，通过成

---

① 习近平. 决胜全面建成小康社会 夺取新时代中国特色社会主义伟大胜利——在中国共产党第十九次全国代表大会上的报告［N］. 人民日报，2017-10-28（001）.

② 六个典范即“铸牢中华民族共同体意识思想教育、西部省区民族地区高质量发展、民族平等团结互助和谐、各民族优秀文化繁荣发展、民族交融互嵌、民族事务治理现代化”。

③ 周平. 中华民族：中华现代国家的基石［J］. 政治学研究，2015（4）：20.

千上万条的信息发布开展宣传工作。

就宣传格局而言，发挥各级党组织的主体作用，各级党员的带头作用，群众组织的桥梁纽带作用，以群众宣传干部、干部宣传群众、干群互相带动，形成全员带动的大宣传格局，并通过文艺汇演、节庆文艺演出等形式，营造民族团结进步创建浓厚氛围。

总之，贵州民族团结进步创建的最终目的是要实现在各民族相互理解、尊重的基础上，实现政治、经济、文化、生态、社会等五方面的综合提升，在突出地方民族文化特色的同时，通过各民族经济互补、各民族政治一体、各民族文化共享、各民族命运相连，从而成为其他地区铸牢中华民族共同体意识的模范，助力实现中华民族大团结和各民族的共同繁荣发展和进步。

第二章　贵州民族团结进步创建中的大众媒介

纵观国家民族团结进步创建的总体目标、实施形式以及贵州对民族团结进步创建的贯彻与实践，媒介的合理运用无疑会有力助推创建工作。因为媒介在活动宣传中不仅拥有强大的话语权，且作为国家稀有传播财产的受托使用者承担着引导社会发展和服务群众的使命。那么大众媒介在贵州民族团结进步创建中的使用情况究竟如何呢？

第一节　民族团结进步创建中的大众媒介使用

为了了解贵州民族团结进步创建中的大众媒介使用情况，我们以贵州农村地区案例为样本进行了民族团结进步创建中的媒介使用情况统计，虽然媒介使用种类较多，但从国家民委、省、市（州）、县、乡、村各级民族团结进步创建活动来看，主要媒介运用不外乎报纸、广播、电视等大众传播媒介。

传统的大众传播媒介多是在国家推动下“自上而下”建立的，从有线广播网到农村广播电视“村村通”再到网络扶贫宽带“户户通”，完善的现代大众传播媒介网络体系已经在贵州建立，由此，面向乡村基层社会的政策宣传、社会整合以及经济拉动有了外在助力。

当前的大众媒介发展已经处于政策调整与技术升级下的大众媒介融合与新发展阶段。经由国家政策扶持，以互联网技术为特征的电脑、手机等新媒介运用使得贵州民族团结进步创建的宣传形成融广播、电视、报纸为一体的立体化网络宣传阵地，并进行多层次全覆盖宣传，以优化媒介资源的利用。

在宣传上注意处理宣传媒介在时间、空间上的协调配合关系，使几种媒介按照时间轴形成连续性、互补性报道特征。其一，时间上，网络发布信息最为迅捷，并对所传新闻可以反复修改、不断完善。相较于网络，尽管广播、电视在信息发布速度上不占优势，但通过现场录音、录像以及背景介绍、主题讲解等环节，可使报道更为全面深入，以上环节留给受众的直观感受，可加深他们对事件的理解及认知。报纸的传播因编排印刷过程而导致速度最慢，但它的优势是可以实现对事件的深度评析，从而使得受众通过它对事件内涵的深层次剖析而获得深刻理解和思考。广播、电视、报纸等媒体的在线播放、官方微博的开通不仅使得网络技术优势得以彰显，更使得各媒介资源得以优化利用，彰显出融媒体时代传播特征。其二，空间上。网络的传播范围最广，遍及世界；广播和电视次之，依其信号波及范围一般不超出所在地市；报纸的空间范围更狭窄，一般仅限于它所被派发的单位。虽然广播和电视的数字化使这种局面有所改观，但贵州民族团结进步创建活动宣传在空间上依然形成区域性、交叉性报道的特点。贵州省内一些单位也已创建了一些融政策性、服务性于一体的网站，并开设相关民族团结宣传栏目，提供了民族团结进步创建网络宣传的样本。

一、电视媒介

在民族团结进步创建活动中，电视的主要优点如下：其一，电视覆盖面广，受众规模大。据复旦大学新闻学院李良荣教授主持的 211 项目《新媒介形态下的中国受众》研究显示，早从 2010 年开始电视已成为人们家庭生活中一件不可或缺的日常用品，成为人们获取信息，消遣娱乐的最主要的媒介之一，看电视已经成为人们生活中的一个重要组成部分。其二，和其他媒介相比，电视具有更强的影响力、感染力。电视最大的魅力就在于形声并茂，声画同步，可传递更多、更直接的信息。比如电视能够把民族团结进步创建活动的情况图文并茂、具体生动地展示给观众，从而使人们全面了解其相关内容。同时，电视新闻媒体有着自己独立的新闻报道视角和价值取舍标准。正是电视媒介的此种优势，使其成为民族团结进步创建活动的最重要的宣传工具之一，并承担以下几种类型的内容宣传。

（一）电视新闻

在电视新闻中，经常会对民族团结进步创建活动进行报道。如：贵州卫视新闻联播关于贵州民族团结进步表彰大会和贵州民族团结经验交流会的报道等，同时各地电视台也推出一系列相关报道，让观众从中解读到相关信息。大量的电视新闻报道让观众树立了“和谐一家亲、共同促发展”的民族团结观念，同时，新闻电视报道也能展现民族团结先进事迹，为单位与个人争相学习提供榜样和目标。时常，民族团结创建的相关信息也会通过滚动字幕的形式在电视屏幕下方展示。

（二）民族团结先进事迹专题片

电视专题片虽然只是电视节目的组成部分，但从电视专题的角度看，又不能把它简单地等同于一般的电视节目，因为电视专题片不只可以在电视台播放，同时还可以制作成音像制品，甚至可以作为短片循环播放于公共场所的大屏幕和网络中。电视专题片就是把当地的民族团结进步创建活动相关的情况以电视纪实的手法拍摄成宣传片，形成一种有教育和宣传作用的电视文化，以增强教育作用。这类专题片一般是由有关部门和电视台联合拍摄而成，如贵州电视台的《民族和谐看贵州》《贵州省黔东南州2012年民族团结进步创建经验交流宣传片》等。此种电视专题片主要有两个方面的基本功能：一是提供活动进展情况，提高群众认知。二是宣传民族团结进步，以此进行教育。

此外，和电视媒介相关的还有其他一些内容播出形式，如音乐电视（MTV）中出现表现民族团结的图像镜头、民族团结进步创建活动经验交流会、文艺汇演等，也都是很重要的电视媒体宣传方式。

二、电脑和智能手机网络媒介

网络媒介即互联网，作为由若干节点和链路所构成的数据通信系统，它能够将全世界数以万计的计算机通过系统连接起来，并实现信息资源交换和共享。可以说，现代人生活于两个“宇宙”，一个是物质世界的现实宇宙，另一个便是互联网的“虚拟现实”宇宙。

与其他媒介相比，互联网的多媒体性、时效性、保存性、选择性等是其明显特征。其传播优势在于超时空性和交互性。具体来说，其一，互联网兼具时间与空间优势。它既具有报纸的可保存功能又像广播电视一样讲求时效，随着报纸、广播、电视数字化时代的到来，这些优势得以相当。其二，互联网是一种大众媒介，更是一种人际传播的重要工具。人们使用网络上的电子邮件、即时通讯等进行人际传播，也通过万维网浏览大众传播的相关信息。在接受大众传播的同时，人们也可以通过留言板或论坛提供评论或反馈信息，信息交互改变着人们的思维方式和行为方式。随着博客、播客、微博等类似大众传播工具的使用，人们既可以从互联网上获取信息也可以提供和发布信息。因此互联网传播呈现传播者多元化、传播过程交互化等多元互动传播特征。正是因为这种巨大优势的存在，互联网迅速成为当代大众传播格局中最具潜力和影响力的媒介。而在民族团结进步创建活动中，它的应用和影响也是广泛和持久的。就国家而言，有国家民委、中央统战部、中央宣传部推进民族团结进步专题策划网站以及微信公众号等；就贵州省而言，有贵州民族经济专题网，贵州省民委网站，贵州民委微博等；就州（市）县而言，有数字报纸、数字广播、数字电视以及公众信息网等；相对于手机网络运用，目前的乡村社会电脑网络的使用较少。

作为网络媒体的新发展，手机媒体最贴近人们的生活，并具备网络媒体及时互动、个性化、广域性等特征。同时，手机媒体并非网络媒体的简单延伸，它自身所具有的独特性体现在：其一，精细分众，匹配度高。手机媒体是以手机为视听终端、手机上网为平台的个性化信息传播载体，同时以分众为传播目标、以定向为传播效果、以互动为传播应用的大众传播媒介①。其二，人际传媒，信任度高。手机的信息传播很大程度上是建立在人际传播的基础上，其私人化和隐秘性的本质使得信任度高，传播效果明显；短信聊天、视频通信、网上购物、微信互动等一系列手机增值服务的相继出现，使得手机媒体同互联网的联系日益紧密，即发即收的信息接

① 谭建军，蔡雅琴．手机广告市场发展路径特点分析［J］．现代商贸工业，2008（11）．

收模式，极易扩散，手机在行使大众传播模式时，以其优势带来巨大影响力。手机还在一定程度上打破传播控制与传播层级的划分，参与传播的双方具有平等性和较高的互信度，提供了人际传播的全新方式。其三，实时互动，依赖性高。手机媒体具备及时互动性、信息文本的纵深性，手机传播媒介具有及时性、互动性特点，二十四小时随身携带的特点也是其他传播媒介无法企及的，可谓最便捷的媒介传播方式。后广告时代，手机会将电脑网络的互动性进一步提升。也正因此，手机微信群、微信朋友圈成为村组对文化水平普遍不高的村民进行民族团结政策宣传的阵地，小程序、公众号、政务微信号等成为手机网络独有的政策传播工具和平台。

三、报纸和期刊媒介

报纸作为一种印刷媒介，具有传播广泛的特征。报纸种类繁多，发行面广、阅读者多，发行频率高，发行量大，并且具有经济性和连续性特点。它可以以低成本向群众传递大量信息。民族团结进步创建活动中，具有相关报道的报纸，如《贵州民族报》，起到如下的信息传播作用。

其一，传递和沟通信息。通过报纸帮助群众了解团结进步创建工程的开展情况，从而起到交流沟通作用。

其二，传播与刻画榜样。民族团结进步创建中的示范村、模范人物等典型的深入细致刻画，报纸责无旁贷地发挥作用。

同时，在以数字化为运行逻辑的媒介融合生态中，以学术研究、学术成果为内容载体的期刊及其数字化平台均起到传播与助推民族团结进步创建活动的作用。而学术研究期刊的深邃思想更为民族团结进步活动创建提供科学合理的发展指引。

四、广播媒介

轻松娱乐地获知消息，在音乐与聊天中放松自己不仅是人们收听广播最重要的诉求，亦是广播媒体的优势与特色体现。广播媒介在民族团结进步创建活动中的价值有如下方面。

其一，承担主流媒体的作用。无论是中央台还是地方台的广播新闻，始终着力于报道国内外或本地区政治、经济、社会、文化等领域的重要动向，具有较高的权威性、公信力和广泛受众群。贵州广播媒介除汉语广播外，民语广播频道，如黔东南苗语广播等，进一步方便了民族团结进步创建活动的开展。

其二，广播新闻的基本特征是迅速及时，并在突发事件中扮演重要角色。设备简易方便，可变性较强的广播，可随时插入最新现场报道。尤其在突发事件中，广播是一般人获取信息的优先渠道。

其三，广播的新闻提示、信息提示作用日益明显，简明新闻和信息集纳成为“新宠”。

其四，广播接收的随时随地性。村内走路或做农活时都可以收听，并可以拨打电话参与节目，这是需要较复杂脑力和心理活动的看报和看电视的方式所不具备的。

其五，广播是对外宣传的主要媒介。在对外宣传的过程中，广播的优势更加明显，民族团结进步创建活动中亦如此。相对于报纸和电视来说，广播的易于顺利接受是报纸和电视无法企及的。除了易于与国际传媒互动交流外，通过广播实现民族团结进步活动工程的国际宣传亦可成为新闻舆论的焦点。

五、微平台媒介

作为较高层次的社会化媒体平台，微平台包括了微博、微信和客户端（App）以及小程序等部分。

（一）官方微博

如果美国的Twitter算是最早的微博，那么中国微博始于2009年开始上线的新浪微博，十多年过去了，如今的新浪微博独占鳌头，拥有亿万的日活跃用户。基于用户关系信息分享、传播及获取的微博平台，自身具有便捷性、即时性、原创性、主动性和多样性的特征。常用的媒体类官方微博如下。

1. 报纸类媒体官方微博

报纸主要是发布一些公众消息，让人们能通过一种简单的方式了解到各种信息。随着时代的发展，报纸微博成为人们获取信息的重要途径。关注重点新闻、开阔新闻市场、对新闻时事的澄清作用、开辟新的新闻传播途径、注重新闻的同步性、做有特色的新闻播报亦是报纸类官方微博在民族团结进步创建活动中的价值体现。如：贵州日报的腾讯微博和报纸数字版和纸质版一起共同体现立足本土，坚持民族、民生、民主的报道方向，从而立体地记录和呈现贵州的发展。贵州民族报官微停止运营，但其纸质版与数字版依然对贵州民族团结进步创建极具价值。

2. 杂志类媒体官方微博

把借助多媒体技术手段，通过文字、图片、视频等多种形式传递信息的微博应用于民族团结进步创建活动的宣传工作，可采用多种形式描述活动情况，这样，受众就能通过更形象、更直接的方式接受信息，从而享受到碎片化阅读的快感。

日益成熟的网络技术条件和逐渐普及的各种终端设备（如智能手机和平板电脑），使得微博的阅读和编写都更加方便，微博的受众群也不同于一般杂志受众群。随着无线网络和 5G 时代的到来，杂志微博会因其迅捷的全球传播而使其所传内容成为亿万人关注的焦点。

因此，各类杂志可以利用微博平台来进行民族团结进步创建活动的宣传，使其影响迅速扩大。

3. 电视类媒体官方微博

微博新闻网的存在为电视媒体人提供了更广泛的信息来源。微博网民的主动爆料便利了电视媒体人的“新闻发现”，电视人开设微博后，可以与很多人建立起随意“连接”，嵌入型链接让博友容易发现，从而为其提供一手的、鲜活的新闻资源。由此，微博成为电视人寻找新闻线索的天然场所。正因为电视类媒体微博的即时性和便利性，其也成为民族团结创建活动相关信息搜索的需要。

4. 电台类媒体官方微博

在民族团结进步创建活动中，微博的媒体价值体现在以下三方面：其一，广播媒体可以从微博上获取新鲜和可靠的新闻信息；其二，广播媒体可以通过微博为平台发布消息；其三，互动平台的增添，凸显了广播节目的交互性。

（二）微信平台

微信的推出始于 2011 年，作为即时通信软件，当前的月活跃账户超过 11 亿，成为在我国拥有最多用户群的社交媒体。微信不仅可以用于个体的即时信息沟通，还可用于群体的信息交流，微信公众号的内容推送更是广泛深入的信息传播渠道。同时，微信以其所形成的多维度、立体化人际关系网络为用户带来精准的个性化服务。

（三）客户端（Application）

客户端，即常说的 App，是适用于智能手机、平板电脑等移动媒体终端的一种资讯平台。客户端的内容生产有三个来源：用户、专业人士和算法。客户端微平台以其短小精悍、精准垂直的个性化海量互动信息，可与民族团结进步创建活动相结合。同理，与 App 互为补充的小程序亦可在民族团结创建活动中发挥其独特作用。

当前在国内最流行的大众媒体 App 之一是抖音。抖音是 2016 年上线的由北京抖音信息服务有限公司开发的全球知名的公共社交平台，其吸引受众的特色是匹配音乐的短视频平台，受众通过创作和分享短视频和其他受众通过点赞、评论、转发和私信等方式产生互动，同时，抖音还具有小程序和抖音号功能，以提高受众的参与和互动。自然，抖音短视频平台上不乏民族团结进步创建活动的视频内容。

综上，贵州民族团结进步创建活动中的媒体运用已形成以报纸、杂志、人民广播电台和电视台为主体，以都市报、文化服务类杂志及广播电视系列台为两翼的传播体系。融媒体生态环境下，各媒介对内容的传播又可优势互补。以智能手机为代表的新媒体网络应用将会在民族团结创建活动中发挥最大功效。主体传播内容上，则以当前国家政策和主流社会价值观为主导，在铸牢中华民族共同体意识和乡村振兴双背景下，逐步提升国家对于农村地区的政治、经济、文化、社会、生态建设水平以及各民族经济互补、政治一体、文化共享、命运相连的团结繁荣和铸牢中华民族共同体意识确立。

第二节 贵州对民族团结进步创建中大众媒介运用的重视

为了进一步具体了解贵州省民族团结进步工作开展中的媒介传播运用情况，本书对此进行了两个方面的实证研究，其一是会议实证，其二是访谈实证。

一、会议实证

会议之一——为时五天的贵州省民宗委系统新闻宣传工作能力提升培训。2015 年 7 月贵州省民宗委系统在贵州某大学召开新闻宣传工作能力提升培训的目的即是为了响应习近平总书记中央民族工作的会议精神，让民委工作人员了解并实践习近平总书记关于宣传思想工作的重要意义、如何做好宣传思想工作以及宣传思想工作由谁来做。

贵州省民委巡视员刘晖在培训发言中讲述了以下主要内容。

一是认识宣传思想工作亦即意识形态工作的极端重要性。此关乎党的前途命运，国家的长治久安，民族的凝聚力和向心力。互联网、手机等新兴媒体的优势发挥将有利于民族团结进步传播方式的创新和信息制高点的占据，在传统媒体和新兴媒体融合的态势下，做到合理利用。

二是宣传主体和媒体。具体内容包括：依靠各级党委宣传部、政府各部门；建立健全宣传工作的领导机构和各项机制；培养一批懂民族政策理论、具有有效回应社会关切和引导社会舆论能力、具备新兴媒体传播理念和技术的民族宣传工作专业人才；利用好各级各类媒体资源，通过公众正确参与下的议程设置和媒体资讯做好民族工作，借助主流媒体的传播力、公信力和影响力，助推民族宣传工作效果；推进民族宣传工作社会化，调动社会力量参与民族工作。要积极调动各个方面，凝聚各方力量，有声有色地把工作开展起来。

三是宣传理念、手段和方法。具体讲述了关于理念、手段和方法的创新问题以及根据受众特点进行人文化、大众化和知识化宣传教育问题。

来自八个地州市的近三百多位学员对培训工作自始至终的参与及培训内容本身都显示了对国家民族团结进步创建中大众媒介作用的重视。在培训中，不仅有贵州民族大学教师、曾任新华社记者王澄橙关于《消息写作》的发言，贵州日报报业集团副总编辑邓航关于《危机事件的媒体应对与新闻传播规律》的发言，贵州民族报社总编室主任兼首席记者杜再江关于《民族新闻实务》的发言，贵州民族报社副总编覃敏笑关于《民族新闻与民族宣传》的发言，更有贵州省民族宗教事务委员会主任、党组书记吴军关于《民族工作部门新闻宣传的意义与作用》的发言，刘晖关于《民族文化媒体宣传》的发言等。

会议之二——“贵州新闻传播能力建设暨网络政策法规”专题培训。2015 年 6 月 10 日，“贵州新闻传播能力建设暨网络政策法规”专题培训班在贵州民族大学召开也证明了民族团结创建活动与大众媒介关系之密切。省委宣传部新闻出版处处长何云江在《如何做好突发事件新闻应急管理》中强调：能够有效运用媒体，积极引导社会舆论，保持社会稳定，维护国家安全，是执政必备能力，并提出新常态下媒体发展的两大趋势。其一，基于信息互联网技术的媒体形态：数字化传统媒介（电视、电影、杂志、广播等）、移动多媒体（手机短信、手机彩信、手机游戏、手机电视、手机电台、手机报纸等）、网上即时通信群组、对话链、虚拟社区、博客、搜索引擎等，既有新媒体形式，也有属于新媒体硬（软）件，或者新的媒体经营模式。其特征是互动性、数字化、移动化、融合化、全天候、全覆盖等。其二，通过媒体新闻来执政，为了国家相关政策的有效落实，政府部门通过运用大众媒体报道来提升政府公职人员的执政形象，以提升政府公信力。并提出（1）坚持 24 小时不失声，（2）坚持把正确信息传播出去，（3）坚持信息和新闻发布的正确、及时、有效，（4）坚持防止和有效处置次生舆情灾害的发生的媒介应对策略。

会议之三——“贵州省民宗系统信息与舆情工作”培训班。2020 年 7 月，贵州 9 个地州市、88 个区县的民宗部门以及省民宗委机关的相关人员参与了培训。培训旨在进一步提升各部门在政务信息、舆情信息等方面的工作能力，实现以“小文章”服务好“大事业”的目的。为此培训邀请了来自贵州省委办公厅、省委网信办、贵州日报、腾讯新闻等单位的领导和专家，分别就信息工作、网络意识形态风险防范化解与网评员工作、新媒体时代舆情应对以及新媒体运营使用技巧等相关内容对参会者进行了讲解培训。

仅以上述三例为证，贵州民委系统为推进民族团结进步创建工作所开展的大众媒介相关讲座培训在现实中不断持续。

二、访谈实证

2015 年 7 月贵州民族大学举办了新闻宣传工作能力提升培训，借此机会，本书作者对来自民宗委系统的各级工作人员进行了访谈实证。访谈主要围绕两个问题展开。第一，您是怎样理解民族团结进步创建活动的？第二，民族团结进步创建活动中的大众媒介应用情况如何？

访谈对象之一是从事民族工作 20 年之久的普安县龙吟镇安某。对于民族团结进步创建的内容，他的回答是：第一点要经济发展；第二点要挖掘民族文化，使其不断传承；第三点就是要解决各民族发展不均衡的问题，可以说，所谓的民族矛盾是民族地区发展低于汉族地区这一矛盾，除此并无真正的民族矛盾。因此第四点就是协调各单位共同支持民族地区的经济发展。对于民族团结进步创建活动中常用的大众媒介，他的回答是：手机、报纸杂志、电视、标语等。而对于苗族文化的传承，应该体现在听、看、品、赏上，即听民族音乐，看民族歌舞，赏民族建筑，品传统美食。

访谈对象之二是来自平坝县（今平坝区）从事民族工作十余年之久的孙某。对于民族团结进步创建所包含的内容，他的回答是：其任务之一是和谐民族关系、化解民族矛盾，其他还有民族理论政策、法律法规宣传以及促进民族经济发展、民族文化发展等。关于创建活动，一般来说，自治县的经济往往要好一些，主要原因是民品民贸企业的发展和来自中央的财政贴息资金支持。而非民族自治地区，民族团结创建的活动往往普遍存在经费不足，这样就存在对民族地区发展的经济支持力度不够的情况，经济工作一般是经贸局主管，对他们资金不能覆盖的贫困人口，民委才做扶贫。对于如何处理民族关系的问题，他的回答是：平坝民委干部大部分为少数民族，这样进行工作就比较方便，尤其是处理民族关系方面的问题。比如我是苗族，处理和苗族事务相关的工作时就比较容易，原因是同为苗族容易接受，同时对民族习惯也比较了解，这样容易做到在尊重民族习惯的基础上处理好相关问题。对于大众媒体的应用情况，他的回答是：工作流程一般是从省民委到地州民委再到平坝下达相关工作信息，对于平坝的工作情况则以简报的形式通过网络红页上传给上级单位。平坝区人民政府网站，一般来说关注率比较低，常用媒体还有平坝县（今平坝区）新闻传媒中心。座机、手机是工作中最常用的工具，或者发函给乡政府。对于村上，则是安排两名联络员关注民族团结相关工作。或通过亲戚提供有关信息，提前了解民族关系动态，对于机要问题则通过电报逐级上报一级民委。

访谈对象之三是龙里县民宗委工作人员罗某。对于大众媒介与民族团结进步创建的关系问题，他说道：每年 10 月是龙里县的民族团结进步活动月。在此期间，民宗委会在民族学校、民族乡镇利用上课或赶场时间开展大型活动，鼓励开展传统节日，组建民族文化表演队等，活动中的表演，其内容多是用民族语言编排的有关民族政策、党风廉政建设的故事或个人事迹，以此进行文化传承、民族政策宣传、民族关系增进，同时，还独创了短信群发的方式有选择性地将一些民族政策发给群众以起到宣传的作用，向上级领导发放以起到汇报工作的作用。同时在宣传月的活动现场向群众现场发放宣传册、书籍、光盘等宣传资料。布依族节日（如：农历六月六等）期间，通过反映廉政建设的山歌融合民族文化于民族政策宣传中，群众参与热情高涨。关于经济发展方面，服务少数民族是民委的主要任务，在分工上，民宗委主要负责文化、政治、经济、教育等工作。

访谈对象之四是玉屏县民宗委工作人员吴某。其一，关于玉屏县的民族团结进步创建情况，玉屏县新店乡朝阳村和老寨村的侗族文化民俗特色明显。其二，关于民族团结进步创建中的大众媒介主要有以下方面的应用。首先是民宗委和铜仁市电视台签署协议，不定时报道民族团结工作的情况；改善民生问题通过铜仁市创建办进行，相互间工作联系通过 QQ、网络邮箱等实现；在玉屏公众信息网挂民委网络红页以方便公众了解各政府相关部门间的工作及联系。民族团结进步创建的宣传工作通过电视、网络、横幅、宣传资料、宣传栏等方式开展。通过电视专题片或光盘的形式在推进本民族文化传承发展的同时，亦能促动旅游业的繁荣。因乡村年轻人多外出打工，留守的多为老人和孩子，他们对于微信、微博、QQ 等新型媒体尚难运用，在电视普及而电脑技术尚未普及的情况下，乡村的媒体运用主要是以电视为主，公众信息网为辅。会电脑的年轻人通过建立农村淘宝店来推广农副产品的种植和销售信息。其三，创建工作涉及少数民族的方方面面，创建办主要是民宗委负责。

上述不管是会议实证还是访谈实证，都旨在说明贵州民族团结进步创建与大众媒介间的密不可分以及贵州省对民族团结进步创建中的媒介运用问题的重视。

第三节　贵州民族团结创建中的媒介传播路径与模式

开展民族团结进步创建是一项长期国策，需要在广泛收集群众尤其是农村地区群众意见的基础上科学制订相关政策，而国家政策的全面贯彻需要通过有效的信息传播才能为群众所知晓并使其参与其中。因此，覆盖广泛，影响深远的现代大众媒介为政府贯彻政策，实施有效管理，以及群众了解政策，进行活动参与提供了非常有利的条件。

民族团结进步创建中的信息传播主要表现为对国家民族团结相关政策信息的传播。政府通过国家相关政策的有效传播来服务民族地区，民族地区村民则通过对国家政策信息的接收和掌握来保障自身权益。村民对民族团结进步创建活动的积极参与行为以及基层组织对少数民族村寨的有效政策实施均建立在政策信息传播和被了解的基础上。

媒体作为国家和群众的耳目喉舌，义不容辞地负有宣传国家民族政策的责任和义务。整个流程如下：第一步，国家制订出相关民族政策；第二步，通过相关大众媒介由中央或省市迅速传至广大群众；同时，国家科层组织传播发挥作用，科层组织将政策精神以文件和会议的形式向下传达直至最基层民众。在不同地区，政策执行时要根据情况进行地域适应性调整，尤其是在实行民族区域自治地区，可在不影响政策实质精神前提下依据地区实情做出局部相应性调整。

民族团结进步创建活动中相关政策通过科层组织自上而下的具体传播

路径（图 2-1）如下：

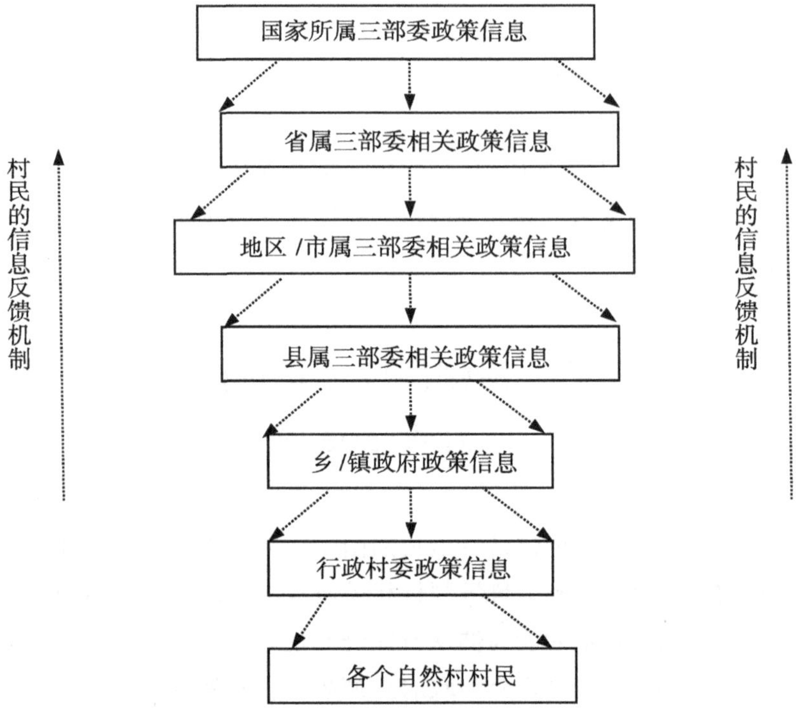

图 2-1　自上而下传播路径

由图 2-1 可知，广泛应用的科层制自上而下组织传播具有分工—分层、指挥—服从、集权—统一的特征，首先是中央统战部、民宗委、宣传部等三部委制定民族团结进步创建活动相关政策，然后以文件和会议形式依次下发省、地市、县、乡镇、行政村，最后由行政村下发各自然村村民。如果村民有对相关政策的异议则可通过自下而上的过程反馈。

同时，通过图 2-2 的传播模型图可以看出，相关国家民族政策通过电视、电脑网络、手机电话信息及网络、印刷媒介乃至村级媒介和人际传播传给自然村村民，村民则通过相关传播媒介了知农产品产销、技能培训等关乎自己兴趣及利益的相关活动信息，并通过村务公开信、灾害预防信等方式进行相关信息反馈或对农业政策相关法规表达自己的意见或建议。

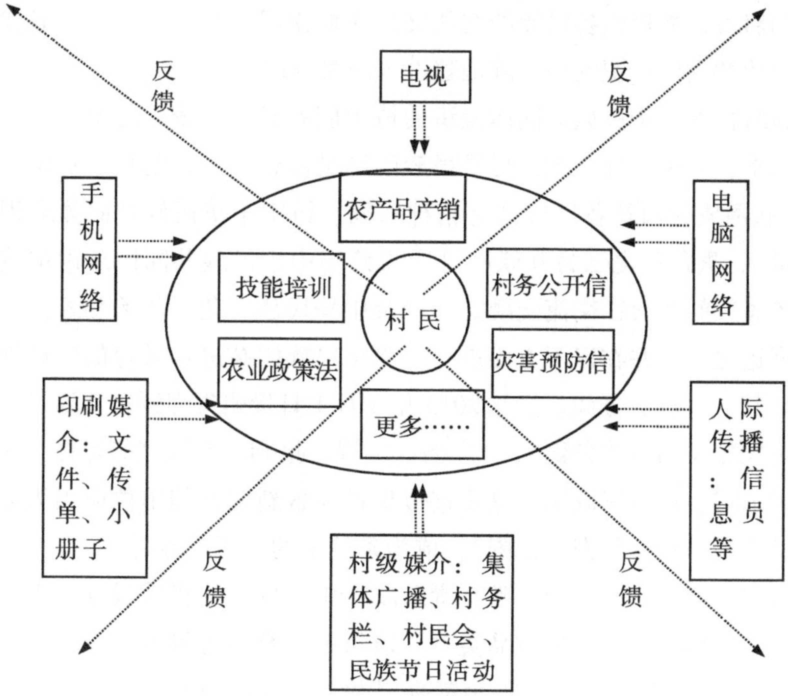

图 2-2 传播模型

第四节 互联网新媒介与贵州铸牢中华民族共同体意识的实践

2019 年国家颁布了《关于全面深入持久开展民族团结进步创建工作铸牢中华民族共同体意识的意见》，其中，“改进民族团结进步宣传载体和方式，充分运用新技术、新媒体打造实体化的宣传载体。拓展民族团结进步宣传教育网络空间，推进‘互联网＋民族团结’行动，打造网上文化交流共享平台，把互联网空间建成促进民族团结进步、铸牢中华民族共同体意识的新平台”① 是其中重要内容之一。由此，网络空间的民族团结进步创

① 中华人民共和国中央人民政府网站．中共中央办公厅 国务院办公厅印发《关于全面深入持久开展民族团结进步创建工作铸牢中华民族共同体意识的意见》[EB/OL].(2019-10-23)[2021-09-01].http://www.gov.cn/zhengce/2019-10/23/content_5444047.htm.

建得到启发，将贵州各民族的交往交流交融由线下推至线上，新时代铸牢中华民族共同体意识的网络阵地建设也同时开启。

新时代的中华民族共同体意识的铸牢问题是国家统一之基，各民族大团结之本，人民精神之魂，更是民族团结进步创建工作的层次加深。为了“让互联网成为构筑各民族共有精神家园、铸牢中华民族共同体意识的最大增量”，贵州省也已将互联网打造成铸牢中华民族共同体意识主线下的贵州各民族间的交往交流交融之网以及中华民族文化、政治和经济共同体意识增进之域，并在以下方面进行了深化民族团结进步教育的尝试性探索工作。其一，法规方面。早在2015年5月1日贵州省即颁布实施了《贵州省促进民族团结进步条例》，“广播、影视、报刊、互联网等媒体，应当采取多种形式，进行民族团结进步宣传报道，各新闻宣传单位应当为全省民族团结进步营造良好舆论氛围”，成为条例中的重要内容之一。

其二，创新实践方面。省会贵阳以“中央厨房”模式设立多个民族团结进步融媒体工作室，通过品美食、造氛围、真体验等方式挖掘富有民族特色的文化资源，以此传播元素提升民族团结进步事业的宣传深度和效果。

如今的互联网也已成为贵州民族事务治理的时代环境、空间场域和重要手段，并开始在铸牢中华民族共同体意识方面发挥其正向作用。

（一）互联网模式下的贵州各民族交往交流交融

民族交往交流交融是中华民族历史发展的重要特征，也是推进民族团结进步、构建中华民族共同体的重要力量。在使民族交往交流交融方式从现实世界走向虚拟社区中，互联网发挥了巨大作用。

第一，作为贵州各民族交往之网的互联网。统一的多民族国家的国情教育在互联网的开展，使得“我们辽阔的疆域是各民族共同开拓的……我们悠久的历史是各民族共同书写的……我们灿烂的文化是各民族共同创造的……我们伟大的精神是各民族共同培育的”① 的共识在贵州各族群众的心中确立，在此基础上，贵州各族人民在互联网上相互包容与尊重的交

① 人民网习近平：在全国民族团结进步表彰大会上的讲话［EB/OL］.（2019-09-27）. http://politics people. com. cn/ni/2019/0927/C1024-31377570. html.

往关系得以形成。

第二，作为贵州各民族交流之网的互联网。以民族平等团结为核心的国家民族理论和民族政策是贵州民族团结宣传教育的常态化内容。促进各族群众树立正确的民族观和宗教观，使其清楚认识并准确把握“党的民族理论和方针政策是正确的，中国特色解决民族问题的道路是正确的，我国民族关系总体是和谐的，我国民族工作做的是成功的”① 这一重要论点，从而更具民族工作开展之信心。

第三，作为贵州各民族交融之网的互联网。拥有 17 个世居少数民族的贵州不同民族优秀文化的互联网传播，在使人们了解到不同民族文化的同时，更要将融入了各民族文化的中华文化传播于贵州的互联网上，这不但是实现中华民族伟大复兴的时代需要，而且是引导各族群众树立正确的文化观的需要，更是使贵州各族群众确立“各民族优秀传统文化都是中华文化的组成部分，中华文化是主干，各民族文化是枝叶，根深干壮才能枝繁叶茂”② 的认识的需要。因此，推动各民族文化的传承保护和创新交融，立体、生动地树立和突出各民族共享的中华文化符号和中华民族形象，互联网技术的充分运用不可或缺。

（二）互联网新媒介增进贵州各民族对中华民族共同体认同

贵州互联网新媒介空间中所培育出的各民族群众尊重差异、包容多样、回归一体的情感与态度，不仅促进了贵州各民族在理想、信念、情感、文化上的团结统一，更建构了贵州各民族在网络新媒介空间的中华民族文化、政治和经济共同体意识。

第一，文化层面的中华民族文化共同体形象塑造。五千年的悠悠历史长河，各具特色的民族文化得以形成发展和相互推动。中华民族共同体形象即立足于各民族深厚的文化底蕴之上。贵州网络空间的中华民族文化共同体建构，让各族群众了解到中华民族的深远历史，认同中华文化，坚持正确的中华民族历史观，增强对中华民族的认同感和自豪感，夯实维护国

---

① 中央民族工作会议暨国务院第六次全国民族团结进步表彰大会在北京举行［N］. 人民日报，2014-09-30（1）.

② 习近平在中央民族工作会议上强调 以铸牢中华民族共同体意识为主线 推动新时代党的民族工作高质量发展［N］. 人民日报，2021-08-29（1）.

家统一和民族团结的底线思维。同时，以贵州各民族文化元素为载体，以新媒体为传播手段，以中华文化为核心，运用互联网平台贵州努力塑造基于本土民族和历史的中华民族文化共同体。

第二，政治层面的中华民族政治共同体形象塑造。中华民族共同体是在各民族相互交往交流交融的历史进程中形成的，该进程兼具政治特征。内忧外患、民族危亡之际，贵州各个民族和全国各民族一道团结一致共御外侮，由此形成了贵州省内外民族患难与共的命运共同体。贵州互联网的传播内容之一即是相互平等尊重、团结和睦的中华民族政治共同体形象，这既符合实现中华民族伟大复兴的现实需要，也是对“人类命运共同体价值观”的践行。

第三，经济层面的中华民族经济共同体形象塑造。各民族间经济发展的不平衡是导致民族问题的重要根源之一。“建构中华民族共同体的核心内容之一是塑造中华民族经济利益共同体。把中华优秀传统文化内涵更好更多地融入生产生活各方面，建立各民族相互嵌入式的社会经济结构和社会经济环境，是推进中华民族共同体意识建构的物质保障。”[①] 因此，经济逐渐富裕、生活不断富足的贵州各民族对中华民族共同体的认同感愈加强烈。均衡发展的贵州各民族经济现状建构了稳定、均衡、健康、可持续的贵州经济共同体形象，并成为铸牢中华民族共同体意识的重要组成部分之一。

（三）贵州应对互联网新媒介传播中不利于铸牢中华民族共同体意识的因素

当每个人都可以成为互联网新媒介中的话题发布者、分享者和评论者，互联网的这种去中心化和便捷性便使得民族相关领域的网络舆情快速增多，贵州省政府为此提出了以下明确防范措施。

其一，精准防范互联网新媒介传播中的大汉族主义和狭隘民族主义言论。不管是大汉族主义言论还是狭隘民族主义言论都会对民族团结和中华民族共同体建设带来不利影响。对于此种错误言论，贵州互联网媒体一概密切关注且坚决反对，并以历史事实和易于接受的话语体系进行回击和引导，以防伤害民族情感和引发进一步的舆情，从而削弱民族团结进步教育

---

① 徐德莉. 中华优秀传统文化与中华民族共同体意识［N］. 光明日报，2017-04-10.

的传播效果。对于民族团结宣传教育，技术部门不断创新，力争将大数据、推荐算法等技术适当运用到“互联网＋民族团结”行动中。

其二，精准防范网络民族主义言论。全球一体化与数字技术背景下，针对不断涌现的网络空间民族主义情绪与言论具有传播迅速、信息传播隐蔽和讨论群体封闭以及情绪负面、非理性和极端等特点，此时的互联网成为负面情绪发泄的绝佳平台，极不利于中华民族共同体意识的铸牢。为此，贵州各级技术部门建立了涉民族领域网络舆情监测中心，以监测涉民族领域的话题类、视频类信息，并通过舆情监测分析效果的逐步提升，为相关领域的网络舆情收集、研判、预警、导控、决策等工作的进一步开展打好前期基础。

其三，精准防范国际反华势力的破坏问题。一些西方国家从未停止对中国混淆是非的敌对宣传以及相关渗透、煽动与破坏活动。因此，铸牢中华民族共同体意识来自网络意识形态的斗争依然严峻。当网络短视频、网络直播、社交软件等自媒体成为敌对势力渗透的新领地，在舆论的公共空间被进一步放大的情况下，针对有可能利用互联网从事各种渗透破坏活动的内容传播，贵州互联网平台以健全的舆情监督机制，将其消灭于无形。

（四）互联网新媒介环境下贵州铸牢中华民族共同体意识的修文实践

为充分发挥网络新媒体的技术优势和资源优势，使得互联网成为铸牢中华民族共同体意识的“最大增量”，作为贵阳市所辖县的修文，进行了如下工作实践。

其一，媒体合力弘扬主旋律。通过在门户网站开设民族团结进步创建专题专栏，利用微信公众平台、心修文等新媒体平台，及时转载刊发党的二十大报告、习近平总书记关于加强和改进民族工作的重要思想、党的民族理论政策和民族法律法规，以及展现民族团结进步示范创建过程中的新成效、新亮点等内容，不断激发各族群众团结奋进的强大合力。

其二，线上答题夯实铸牢中华民族共同体意识理念。以“民族团结进步宣传月”活动为契机，借助官方微信平台开展线上铸牢中华民族共同体意识主题知识竞赛答题活动，学习党的民族政策法规、民族团结进步宣传教育等内容，通过有奖答题的形式，加深参与活动人员对民族政策法规的理解和认识，达到宣传铸牢中华民族共同体意识的目的。

其三，综合治理坚决维护民族团结。依托修文县委统一战线工作领导小组，加强与宣传、网信等部门协调联动，强化网上舆论引导，防范化解风险隐患，坚决在网络空间守好意识形态阵地，做好铸牢中华民族共同体意识网上服务保障工作，维护清朗网络空间，进一步铸牢中华民族共同体意识。

正是通过上述措施运用，修文县牢牢把握住了舆论的主动权和主导权，从而成为贵州地区铸牢中华民族共同体意识实践的模范单位。

第二编

贵州农村地区受众媒介素养现状实证研究

第一章　多民族聚居的贵州农村地区受众媒介素养现状田野研究

美国传播学之父施拉姆在其著作《大众传播媒介与社会发展》中强调了大众媒介的信息传播对发展中国家的重要作用。

一、国家的快速稳定地发展离不开大众媒介的有效信息传播。“有效的信息传播可以对经济社会发展做出贡献，可以加速社会变革的进程，也可以减缓变革中的困难和痛苦。”①

二、信息传播能力的滞后成为阻碍发展中国家全面发展的重要因素之一，因此欲求得发展中国家持续稳定发展，实现信息平衡是其需要解决的重要任务之一。

三、信息传播在国家发展中有守望环境、参与决策和提供教育的功能。

四、大众媒介在一个国家发展中的作用主要表现在以下三方面：其一，扩大民众的视野，使得他们能够放眼未来，并唤醒这些生活于传统社会民众的国家意识，利于国家整合。其二，集中公众注意力，使其关注于国家的重要发展项目。其三，提升民众的全面素质和精神追求使其充满对未来的希望，从而拒绝接受命运的摆弄。

因此依据施拉姆的观点，大众媒介在民族团结进步创建中亦具有以下功能：信息提供者；社会守望者；受众社会化的引领者；宣传教育者。同时媒介还能将公众的注意力集中于民族团结进步创建活动中。

正是媒介在民族团结进步活动宣传中的不可或缺性（不管总体目标、活动形式以及宣传教育都离不开媒体）以及它所具有的上述功能，从而使

① 施拉姆. 大众传播媒介与国家发展：信息对发展中国家的作用［M］. 1964：108.

得贵州民族团结创建与贵州农村受众的媒介素养因为大众传播媒介的使用而发生关联，大众媒介促成国家发展的作用同样能在民族团结进步创建活动的开展中得以体现。民族发展是国家发展的有机组成，大众媒介与民族团结进步创建的关联成为我们亟须关注的问题，这一问题通过我们对五个民族村寨的实证研究而得以体现。

第一节　大众媒介传播之苗族聚居区个案

——贵阳花溪区高坡乡云顶村

一、云顶村的区域环境

贵阳市花溪区风景名胜区位于贵阳市南郊，面积约 220 平方千米。景色秀美宜人，气候温和适宜，四季如春，素有“高原明珠”之誉。文物古迹、民族民情、居民建筑等人文景观资源亦非常丰富，高坡自然景观和民族风情便是花溪一景。

高坡是隶属花溪的一个苗族自治乡，为苗族的世居之地。从地理位置上讲，其中心区域高坡场坝距离花溪仅 31 千米。地势北高南低。地质多为喀斯特岩溶，故而溶洞怪石遍地。高坡平均海拔 1500 米，最高海拔 1712. 1 米。常年凝冻时间在 15—30 天，日均气温为 12. 5—14℃。年日照时间 1274 小时，无霜期短，属高寒山区。高坡苗区的气候总是以寒凉、湿润、风大、多雾为主，尤其是春秋两季，常常是浓雾弥漫，不见天日。①

二、云顶村的自然环境与信息传播环境

（一）基本情况

云顶村地处高坡乡政府东南面，距乡政府所在地约 6 千米，紧接平寨。该村位处高坡地势最高处，至高点海拔 1650 米，一般在 1500 米上下。因

① 潘年英. 百年高坡［M］. 贵阳：贵州人民出版社，1997：1.

所处地理位置最高，气候最为寒冷，为典型的高寒山区，土质瘦薄。

全村共4个自然村寨、5个村民小组，248户均系苗族。属于川黔滇方言（西部方言）的惠高土语区，其语言与周边其他苗族殊异，文化风俗也与周边其他苗族不同。

（二）经济发展状况

2013年在省民委印发的微调后全省五百个少数民族特色村寨名单中，花溪区十个少数民族村寨名单中，高坡乡云顶村位列其中。

2013年的云顶村民族经济工作的重点是：围绕特色民族村寨建设，加大民族地区基础设施建设，进一步改善村民生产生活条件；支持推进民族乡村旅游和特色优势产业的发展，促进少数民族和民族地区经济发展。

经历十年的经济发展并依托国家乡村振兴战略契机，如今的云顶村经济更是今非昔比。围绕“一村一品，多村一品”的发展思路，云顶村根据自身所在片区的自然优势以及土地、劳动力现状选择了海花草经济作物，依每亩年收入大约7000至1万元的实际情况，600余亩的海花草种植为云顶村经济发展和村民创收带来巨大效益。同时，依托村内云顶草原民族风情园旅游景点，乡村旅游蓬勃开展，特有的苗族民族风情、工艺品以及特色苗家宴等均成为“农家乐”经济的创收项目。

（三）交通与电力

每一次交通状况的改变都伴随着信息传播状况的改变。源源不断的信息流和交通线上涌动的一批批人流、物资流一起输入到偏远少数民族地区，促进了文化的交流、观念的碰撞、文明的传播和经济的繁荣。50年来，花溪区在交通等基础设施方面所投入的巨大努力使得高坡乡村寨云顶村也同样道路宽敞，从花溪有直达高坡的公交，搭乘摩的便可以到云顶村。同时，电力方面，2021年，高坡35千伏智能变电站的成功投运，为包括云顶村在内的上万用户提供了可靠电源支撑，同时，云顶风电场的电力供应也必然会助力云顶村的旅游业发展和乡村振兴事业开拓。

（四）民族与人口

云顶村主要人口为苗族，有跳洞、芦笙歌舞会、跳花场和又称“亚努节”的“四月八”节等文化活动。此时，人们在聚集一起吹笙、跳舞、唱山歌、荡秋千、上刀梯、玩龙灯、耍狮子等，人山人海的活动场面，同时也是广泛宣传党的民族政策的好时机。

三、大众媒介与云顶村发展

大众媒介与云顶村的发展息息相关。一方面，云顶村人口知识水平、物质基础、工种的不同使得他们对大众媒介的需求有所差异，从而带来受众群的分化。另一方面，大众媒介又是云顶村走向现代化进程的推进器，正是通过媒介的帮助，云顶村农村人口同样关注和把握到了与城市趋同的社会热点和城市流行文化。尽管城乡之间在知识水平、文化层次和思想观念上仍然存在差异，但正是通过大众媒介信息的传播，云顶村民与城市人口同步掌握了社会政治、经济、文化的诸多信息，以此构建起城乡之间交流对话的基础。由此，大众媒介对云顶村的政治、经济和文化发展等均产生了直接或间接的影响。

同时，大众媒介借助自身采集与传递信息的优势，迅速及时地将各种信息提供给受众，使他们在满足生产生活需要的同时影响自身民族文化的传承与变迁。大众媒介的传播过程也就是一个社会教育的过程，在这个过程中，云顶村民众在接受国内外及当地的政治、经济、文化等信息和丰富实用的知识信息中，完成了解社会最新动态、开阔眼界增长见识、协调心理陶冶情操的社会教育。随着大众传播的服务功能的增强，除尽可能及时准确地提供新闻信息外，尚有有关生产、生活的信息，如农牧业、科技卫生等各种实用性和指导性较强的栏目，固定版面和播出时间，以帮助引导和服务于农村受众。

同时，就某个角度来说，大众媒介对受众的思维和行为的影响已远超其他社会力量，甚至受众受其所营造环境的影响也超出了实际环境的影响。这种影响和作用在乡村调查中明显存在。

在通过大众媒介了解新闻信息、转变思想观念、指导经济活动、获取文化知识的同时，以民族歌舞、音乐电影电视剧为内容，大多数的大众媒介传播更带来了村民娱乐与休闲需要的满足，在查询务工信息和农产品信息推广甚至直播销售方面的作用也已不能小觑。在云顶村的调查中深切感受到了这一点。而具有其他民族文化特色村寨的大众媒介传播情况又如何呢？对龙里布依族走马村的调查又让我们收获颇多。

第二节 大众媒介传播之布依族聚居区个案
——黔南州龙里县走马村

一、走马村的区域环境

黔南布依族苗族自治州龙里县，位于贵州省中部，与开阳县和福泉市隔河相望，县境东西宽 36 千米，南北长 73 千米，总面积 1521 平方千米。县辖 5 镇 1 街道（冠山街道），包括 30 个社区和 52 个行政村，其中走马村位于其所辖羊场镇（已更名湾滩河镇）。

龙里县历史悠久，远古时候就有人类繁衍生活。唐贞观三年（629 年），境内置新安县和巴江县，元至元二十年（1283 年）置龙里州，明洪武二十三年（1390 年）置龙里卫，清康熙十年（1671 年）置龙里县至今。距贵阳市中心 28 千米，军事地理位置险要，《读史方舆纪要》中曰："欲保贵阳，先夺龙里"。据《贵州图经新志》记载，龙里取境内龙架山之龙，乡里之里，而得"龙里"之名。居住着汉、布依、苗等 20 余个民族，总人口 22.63 万，少数民族占 41%左右。海拔最高点 1775 米，最低点 770 米。县城海拔 1080 米。林业资源丰富，林场、草场面积较广。

龙里县区位优越，交通便利，为进入省会贵阳的咽喉。截至 2022 年，210 国道，厦蓉、贵新高速横贯东西，贵龙城市干道和龙溪城市干道直达贵阳，并有 10 条快速通道与贵阳互通。全县境内公路总里程为 1209.24 千米，其中，县级公路 5 条 114.6 千米，乡级公路 8 条 135.7 千米，村级公路 95 条 590 千米，其他（通组或通寨等）公路 261.94 千米。

龙里县境内粮食作物以水稻为主，其次是玉米、小麦、黄豆；杂粮主要有小米、高粱、荞麦、红薯、洋芋、豌豆、蚕豆等。经济作物有油菜籽、烤烟等，其中值得一提的是"龙里刺梨"。2012 年 9 月，中国经济林协会正式命名龙里县为"中国刺梨之乡"，同年，"龙里刺梨"先后通过农业部、国家质检总局等部委的“刺梨无公害产地”“国家地理标志产品保护”认证，随后，贵州省刺梨学会在龙里成立。

截至 2022 年，龙里县共有学校 117 所。其中普通高中 3 所，中等职业学校 1 所，独立初级中学 6 所，九年一贯制学校 2 所，完全小学 28 所，教学点 16 所，公民办幼儿园 61 所。全县共有学生 51044 人，其中在园（班）幼儿 10980 人，小学生 22762 人，初中学生 9461 人，普高学生 4649 人，中职校学生 3192 人。

在实施数字乡村建设行动，龙里新建成 5G 基站 120 个，农村 4G 信号补盲基地 54 个。

二、走马村的自然环境与信息传播环境

（一）基本情况

走马村位于湾滩河北部湾滩河畔，距镇政府 1.5 千米，距县城 70 千米。全村辖 11 个自然寨、16 个村民小组，拥有耕地面积 3826 亩，人口 2093 人，主要以布依族为主，布依风俗风貌保存较好，村寨依山傍水，自然环境优美，背靠古松苍柏，鸟语花香，景色宜人。全村地势平坦，水源丰富，气候宜人，土地肥沃，盛产优质大米，且地处湾滩河万亩大坝，具有发展优质农业得天独厚的优势，素有“龙里粮仓”“鱼米之乡”的美誉。早在 2014 年，全村农民年均纯收入即已达 8355 元。也正因此，走马村成为国家第三批全国民族团结进步示范村寨，且于 2023 年 8 月，被农业农村部公示为“中国美丽休闲乡村”。布依族孔雀寨更是保持了鲜明的布依民族风情，并连续八次举办布依族情歌节，正因全省乃至全国的布依族和其他民族歌手参与其中，使其进入人们的视野。

（二）交通与电力

公路基本纵贯全村的走马村，大小车辆通行方便。村民外出采购物品、赶集及办其他事情时，主要通过宽阔的乡村公路通往湾滩河镇，但是没有运营性的车辆经常通行，所以村民们一般都是开摩托车，富裕的农家当然是轿车出入。

三、走马村大众媒介的历史与现状

（一）广播与收音设备

1952年，龙里县委宣传部建立收音站，设备有收音机3台，扩大机1台和喇叭2只，收音站的主要任务是收听或记录中央台和省台广播的新闻、政令及其他重要内容。1954年羊场作为区级收音站建立，8月羊场等乡级收音站建立，有收音员一名。1956年根据国务院关于农村发展广播网的指示，走马村所在羊场镇乡级广播站关闭。此后，收录机作为一种时髦的家用电器开始进入村庄。如今的走马村，收录机已经成为纪念品。契合村民文化和语言习惯的乡级广播如今依然发挥着其文化娱乐和上情下达的作用。

（二）电视

1978年初，龙里县人民政府拨专款修建县电视差转台，差转机功率10瓦，于国庆节建成转播。1989年1月，湾滩河镇（时为羊场镇）电视差转台建成，功率10瓦，1986年初建成县地面卫星接收站，与电视差转台配套，7月23日正式开通转播。

20世纪90年代初，黑白电视机开始进入村庄，1994年左右，彩电开始进入村民家庭。目前全村几乎家家有电视。

村民们看电视主要是在晚上7点左右，新闻联播之后看电视剧。笔者进行调查期间正赶上是“七夕布依情歌节”，村里的人白天忙完，晚上还要聚在一起练歌，或是陪平时难得一聚的亲朋好友们聊天。晚上没事的老人和孩子才看电视。农村的电视和广播的普及面要比报纸大得多，农民大多不看报，只看电视。看的节目大部分是娱乐节目、电视剧，其中很少人会看新闻。

（三）手机

村民们在种田耕地之余，凭借自己的勤劳和智慧外出打工，村里的年轻人和大部分在外打工的人几乎每个人都有手机。30至50岁之间的中年人有手机95%以上，60岁以上使用手机的人数逐渐减少。全村2千多人中，手机拥有率在90%左右。和城市一样，作为目前农村最流行的、使用最广泛的媒介工具，村民对智能手机的使用多停留在自我娱乐、联系家人、了解家乡情况以及关注自身民族文化活动等方面。

（四）其他大众媒介

有一种观点认为，一个国家“每千人拥有报纸”的比例是衡量本国或本地文明程度高低、经济发达与否的一个重要参数，如今电子媒介时代的到来，报纸已经数字化，纸质报纸的订阅和阅读量明显减少，但走马村村民要看纸质报纸的话还是可以到村委会。目前，走马村村委会的纸质报纸有《贵州日报》《贵州民族报》等，这是按照上级政府行政命令公费订阅的，除此村中无其他人订报、看报，也很少有人有通过手机网络阅读电子报刊的习惯。

（五）走马村情歌传承方式变迁与大众媒介的发展变迁

布依族情歌历史悠久，美妙动听，往往表达的是青年男女的萌动爱情之声。情歌演唱成为政府主持下的一项展示地方文艺特色的活动始自2012年，举办于走马村美丽的孔雀寨。情歌节是当地布依族人非常看重的节日活动。其间，外出打工的孔雀寨青年一般都会从外地赶回来参与活动。并且活动要求凡是孔雀寨以外的，不管什么民族，只要会唱情歌的都可以参与比赛。

走马村情歌演唱内容包含土歌和山歌两部分。山歌是用汉语演唱，内容多是民族民间歌谣、传说和故事，以及本土社会习俗、礼仪、伦常和道德等，山歌的演唱有个人即兴咏唱，或多人即兴对唱。土歌用布依语演唱，男女表演者均穿戴着漂亮的民族服饰。演唱内容不仅有体现布依族青年男女热烈纯真、诚挚细腻爱情的，更有宣扬民族文化新风尚的。不断增多的内容题材，从原来以“浪哨”对歌为主，发展到婚俗歌、酒歌、山歌，甚至是“现编现学现演”的新民歌，如《家乡美》《计划生育好》《改革开放政策好》《今天是个好日子》《改革致富》等。因此，布依情歌既是特有口头文化的承载形式，又是逻辑思辨和口语表达的训练过程，且具有重要的内部教育功能和文化传承作用。

除了布依族人的口头传承之外，布依情歌的较早期传承载体是广播和收音机以及通过记录场景并直接具体地表现布依情歌文化信息和现象的现代图像媒体如电视、电影，这些声像传媒对布依族情歌文化的传承作用是印刷物和其他文化传承方式所无法替代的。

在现代文明与乡土情愫之间，布依族群众自觉不自觉地走上民族文化与现代技术结合的道路，将情歌节活动制作成光盘，用胶片、磁带以及电脑影像技术来展现布依族情歌文化。

情歌节活动被拍摄制作成光盘，其特点有：第一，基本如实地再现了山歌对唱的全过程。第二，用汉语较好地翻译出故事情节大意，既为学理研究提供了文字资料，也有利于情歌在布依族之外的传播。第三，传统布依族的民族服饰更体现出自身民族特色。而光盘便于携带和播放的特点又使得布依族文化得以流传推广，并对观看光盘的人起到潜移默化的艺术影响。

随着传媒技术的发展和新兴媒体的出现，布依族的情歌传承方式开始了与时俱进的改变。充满智慧的布依族人一旦将活动拍摄过程上传至网络，便可成为微信朋友圈、微信公众号以及抖音、快手等社交软件的素材，从而使得民族文化得以多渠道广泛传播。

（六）走马村村民大众媒介素养情况实证

为了了解村民的大众媒介素养情况，我又进行了村民访谈，摘录如下。

（1）50 岁，男，布依族，高中文化：

“中央电视台新闻频道（CCTV-13）的《走进乡村看小康》和《国防军事》频道（CCTV-7）的《乡村大世界》是比较爱看的，原因是接地气，感觉很熟悉，再就是增长见识的同时也了解了别人奔小康的门路。”

（2）49 岁，男，布依族，初中文化：

“晚饭后，有时想看看农业节目，但家里人多，五六个人，有时还有串门的邻居，也就只有随大流了，多数人想看什么，就看什么了。”

“如果一个人看，还是比较喜欢看看农业频道，看了受启发。但我们这些地方，地理条件限制，山地多，平地少，所以搞什么项目都规模小，效益低。”

“如果出去打工，我就通过鱼泡网找工作，从 20 岁到现在一直做建筑行业，不想进厂，建筑工作自由，红白喜事的时候可以请假回家。平常用手机找工作，联系家人，有家人朋友微信群，老板还通过微信发工资，不会用手机导航，但会用微信、支付宝支付，还能通过微信语音与家人、老板和朋友留言交流，偶尔刷刷抖音视频消磨时间，但不喜欢。”

（3）65 岁，女，布依族，文盲：

“我很少看电视，也不大看得懂。”

（4）47 岁，女，布依族，初中文化：

“我家有电脑，也联网，但手机更常用，看视频，玩抖音，消磨空余时间”。

四、走马村的其他传播模式

（一）组织传播——政府的公关传播

通过多日走访发现，走马村之所以能成为民族团结进步示范村寨并发生重大变化，其主要原因来自政府传播。

1. 助推农业高质量发展的农民培训基地

作为全省文明村寨和参与创建全国文明村的村寨，走马村生态环境优美，在探索“以农促旅、以旅兴农”的发展格局的同时，农业高质量发展又是其一个重要发展方向和目标。而走马村新型职业农民培训基地的创设则成为其实现目标的保障之一。

培训基地兼顾广谱性培训、技能培训和农民职业教育培训等，培训内容则既涵盖传统种植业、养殖业，也涵盖农旅融合之下的农业采摘以及房车露营等，并将教育培训与农时、生产和关键技术紧密结合，让农民们在学中干，干中学，在让农民们满意的同时，产生一批有文化、懂技术、善经营、会管理的农业发展“生力军”。正是通过组织传播，走马村农民培训基地得以建立，仅 2022 年一年，就有 260 位农民参加。

2. 改善农村生产生活环境的基础设施建设

乡村振兴工程之前，湾滩河镇、走马村政府即通过跑、争、引等方式，整合农发、村庄整治、新农村建设、一事一议、农业、文化、教育等项目，投入1300余万元。其中，投入840万元实施农发项目；投入32万元实施河围寨等文明新村建设点3个；投入56万元在孔雀寨统一规划121户布依民房的外观；投入86万元修建孔雀寨道路硬化；投入35万元修建孔雀寨休闲亭、鹅卵石路面、停车场、对歌场及舞台、葡萄长廊，安装太阳能路灯70盏；投入8万元对寨子和田园风光进行绿化、美化；投入2万元整治湾滩河和白鹭洲河沙坝；投入12万元修建孔雀寨大门；投入48万元完善村完全小学两所，投入50万元在孔雀寨建设三个垃圾池、一个水冲式公厕、2个休闲亭、一个半封闭式民族舞台、1200米鹅卵石步道。投入10万元完善2000米葡萄长廊。正是通过组织传播，走马村生产生活基础设施得到极大改善，村容村貌有了显著变化。

（二）人际传播

人际传播过程是一个人与人说和听的过程，在这个过程中起作用的是人际传播环境和人际传播关系。走马村村民媒介接触情况显示：尽管村民闲暇玩手机和看电视的时间较多，但利用手机获取有用信息的能力有限，因而也不太有利用手机查询的习惯，村民获取信息的渠道更倾向于向亲戚朋友等熟人获取。对于大众传播媒介如广播、电视、手机等所推介的信息或技术，往往持谨慎态度，不敢贸然试验或接受。出现这样的情况，其原因一则可能是编排不当，二则可能是传播者重视不够，三则可能是受众接受能力问题，但对受众的需求重视不够是其中最根本的原因和问题所在。只有传播者的传播满足了受众的真正需求才能达到对农村传播的真正目的，也才能算是一次真正成功的传播。大众传播工具虽然在农村地区的使用已经较为普遍，但人际传播仍然是信息传播最有效方式的事实说明大众媒介素养提升之必要性。

五、小结：反思与感想

（1）从走马村、云顶村的传播格局来看，政府传播的作用远大于大众媒介传播。

（2）大众媒介设施电视机、手机等虽已在贵州农村地区广泛存在，媒介的拥有率与接触率不低，但对村民的经济发展影响较小，调查中了解较多的仅是简单查找打工信息而已。

（3）整体而言，政府的公共传播和村庄内部的人际传播在农村发展中仍然是主要的引发村庄变迁的力量，大众媒介传播在农村传播中的影响力较弱。

（4）利用大众传播信息赋能乡村生活，对于一些偏远的民族地区农村反而更有优势，然而这一点尚未被基层政府和这些地区的农民充分认识，由此可见对民族地区农民进行媒介素养教育之必要。欲以大众媒介提振民族地区农村的经济发展，若能由政府主导开办公益性农村信息栏目，以此培养这些地区的农民获取大众媒介信息的能力，定能助力乡村振兴和农村经济的进一步提升。

第三节　大众媒介传播之侗族聚居区个案

——铜仁玉屏县老寨村

一、玉屏及老寨村的区域环境

被誉为“箫笛之乡”的玉屏侗族自治县位于贵州省东缘，隶属铜仁地区，全县总面积523.78平方千米，辖1乡3镇4街道，截至2020年11月常住人口150457人（第十次全国人口普查结果），其中侗族人口为107922人，约占总人口的71.73%。玉屏素有“黔东门户”之称，地跨东经108°度34″到109°9″、北纬27°8″到27°31″，为贵州省的东大门，境内有株六复线铁路、320国道（高速公路）、201省道（高等级公路）等交通线路和村村通公路，是中南与西南地区的交通接合部，也是铜仁地区最大的交通枢纽之地。

玉屏县地处亚热带季风性湿润区，气候温和湿润，四季分明，但冬无严寒，夏无酷暑，多年气温平均值16.4摄氏度，耕地面积5700公顷，宜发展种、养殖业。板栗、箫笛、油茶、茶叶等名优特产享誉省内外。拥有总长274千米的36条河流，水利资源开发潜力巨大。矿产资源丰富，已探明的矿产资源有重晶石、黏土石、石灰石、汞等30种之多。全县森林覆盖面积人均2.33亩。

玉屏是实施西部大开发贵州西电东送的主要出口和支撑点，是全国的农村电气化县之一。市场健全，物资流通迅速，朱家场镇牛市为贵州省三大牛市之一。农村经济向多元化方向发展，工业体系门类较为齐全，已形成了电力、建材、化工、酿造、食品等行业，重视经济发展并对招商引资提供诸多优惠政策，是国务院批准的对外开放县。

作为一个侗族自治县，玉屏的侗族大歌独具特色。古城墙、钟鼓楼、印山书院、侗族风雨桥、民族风情园等人文景观及八仙岩、万卷书崖、白水洞瀑布等自然景观，尽显侗乡风情。

二、玉屏及老寨村的信息传播环境

作为铜仁地区最早开通铁路的县份，湘黔铁路复线通过县域，作为二级客运站，大龙货运站成为湘黔铁路贵州段的三大货站之一，由于其承接三省五地十七个县（市）的货物吞吐任务和巨大的货物吞吐量，从而使得玉屏扮演了黔东和湘西物资集散地的角色。境内还有320国道和201省道，村村通公路也在全县基本实现。

现代信息通信技术与时俱进地发展。宽带业务在县域及各乡镇都全面展开。村村通、户户通广播电视工程已基本完成，应急调频广播在全县所有乡镇的开通实现了上一级新闻综合广播的转播。农村广播电视节目无线覆盖工程的建设进一步推进了玉屏广播电视事业的发展。城市数字影院建设的完工和放映使得电影业的更新迭代得以在玉屏实现。同时，使用该技术每年进行的农村公益数字电影放映不仅惠及成千上万的农村人口，更对国家方针政策，最新文化知识进行传播，丰富农村文化生活的同时，提供涉农宣传服务。为了监控农村电影的播放情况，还通过安装GPS和GPRS建立了监控平台。

随着融媒体时代的到来，传统媒体时代的新闻生产与传播平台分离的情况不再存在。网络媒体及移动终端的出现打破了不同媒体间的壁垒，在互联网的帮助下，利用多样化的媒介，和三微一端（微博、微信、微视频、移动客户端）平台，不同媒介之间建立关系，产生融合。且不断发展完善的新媒体平台往往具有转发、收藏、评论和再编辑功能，新闻传播主体更加丰富，媒体和受众间的距离变为零，传播主体的丰富使得新闻生产也不再单一依赖于专业人员，受众的参与和转播使得新闻不仅实现二次生产，且产生二次转播。玉屏县的融媒体演播厅正是以最新的电视节目制作技术和理念，以中央厨房式的信息资源利用，完成信息筛选、空间融合、采编优化等流程，迎接着最新时代的融媒体技术。

侗族历史悠久，与古代南方百越族群有着历史渊源。侗族集中分布的地区，山水交融，主要有苗岭支脉、武陵山、佛顶山等。侗语属汉藏语系壮侗语族水语支，分南北两个方言，其下又各分 3 个土语区。南北方言间基本能通话。侗语有富于音乐性的语言之誉。中华人民共和国成立前，侗语没有与自己民族语言相适应的文字。1958 年，根据自愿的原则，国家帮助创造了拉丁字母形式的侗文。除语言文字外，玉屏侗族还有如下文化特色。

（1）鼓楼是侗寨的标志和象征，是侗族的公共建筑和公共场地，侗族村寨都有鼓楼。鼓楼不仅体现出精湛的侗族建筑艺术和独特民族风情，更体现着侗乡人民特有的生存经验与生活智慧；由鼓楼衍生的文化更承担了侗族社会重要的社会功能。鼓楼的社会功能之一是全村议事中心及商讨制定村规民约的场所，功能之二则是村寨文化中心、娱乐中心以及社交中心。在这里，侗族人进行全方位的信息沟通和交流。

（2）风雨桥是一种“长廊”桥，独具侗族特色。风雨桥多建在村头或寨尾的河溪上，桥长三十到一百米不等。以大青石为桥墩，桥身则为纯木质结构，由桥梁、桥廓、桥亭组成。桥的壁柱、瓦檐、亭角都有精美的雕花刻画，桥底座则由石墩构成。桥廓两边置有栏杆，旁边有长凳，上覆青瓦，可供行人遮风避雨、休息。风雨桥既是侗族人夏日乘凉的好去处又是侗族青年男女谈情说爱的好地方。侗族地区随处可见的风雨桥建筑源自侗族人依山傍水、水陆交通要便利的村寨选址。这种不费一钉一铆的建筑是侗族人民勤劳与智慧的结晶。

（3）玉屏箫笛。玉屏箫是中国传统竹管乐器之一。始创于明万历年间的玉屏箫笛，因当时玉屏的“平溪”称谓故名“平箫”，后随建置的演变而称“玉屏箫”。根据清代乾隆年间的《玉屏县志》记载，“平箫，邑人郑氏得之异传，音韵清越，善音者谓不减凤笙”[1]，由此可知，“邑人郑氏”为平箫始制者。经过考证，“郑氏”为明万历年间的郑维藩，得之于异人（老道）鹿皮翁的技艺传授。旧时，郑家供奉有鹿皮翁画像，尊为平箫艺祖。后郑家又于清雍正五年（1727年）研制出笛，以雌雄相伴。玉屏箫笛技艺经由郑氏家族传承不断。1913年的英国伦敦国际工艺品展览会上，郑氏后人郑步青、郑丹青二兄弟所制“平箫”获得银质奖章。1915年的美国旧金山万国博览会上，该“平箫”又获金质奖章。1930至1932年在国内南京、重庆、桂林、贵阳等地巡展，又荣获不同奖项。中华人民共和国成立后的玉笛生产一直延续，并自1979年以来连续荣获国优、部优、省优等奖励。如：1991年，玉屏箫笛厂生产的微刻浮雕龙凤箫笛获北京第二届国际博览会银质奖章。由此，玉屏县平溪镇1994年被贵州省文化厅命名为“箫笛艺术之乡”，而玉屏箫笛于2006年被国务院列为国家级非物质文化遗产保护对象。

走进玉屏这个北侗之乡、油茶之乡，让人强烈地感受到它的“中国箫笛之乡”的称号也是当之无愧。

而新店镇老寨村位于玉屏侗族自治县城西南部，距县城8千米左右，西与新店乡政府比邻，南距北侗文化之乡朝阳村约5千米，侗族人口占95%。老寨村的旅游业因其悠久的侗族文化和浓郁的民族风情而得以推进，作为玉屏县郊乡村旅游点，其产业结构也向旅游服务业转向，旅游项目的引入不仅改善了原有的人居环境，更带来了良好的社会效益和经济效益。

作为一个自然村寨，这个距离新店乡政府9千米的村寨，境内交通便利，区位优越，生态良好。全村共辖六个村民组，共有1346人，良田516亩，具有浓郁的侗族民俗文化，如吹木叶、唢呐，唱山歌、酒歌。2012年开始打造老寨村现代观光农业风情园。2014年，被列为铜仁市玉屏县“四在农家·美丽乡村”试点村之一。同年9月被评为“全省民族团结进步创建活动示范村寨”，2015年3月被评为“全国民主法治示范村”，2016年的《新店镇老寨村美丽乡村项目实施方案》将老寨村的未来发展方向定位为“玉屏后花园”，依托项目为侗族民俗风情和休闲农业观光。2017年，

① （乾隆）玉屏县志. 贵阳：贵州人民出版社，2019.

老寨村获评贵州省 2015—2017 年全省文明村。

老寨村交通便利，村中心距 320 国道仅 3 千米，村内道路已硬化，电力供应充足，地表水与地下水资源丰富，森林覆盖率超过 50%，地下富含铁矿、石灰石、重晶石等矿产资源。村里现有采砂场两个、采石场一个，水泥砖厂与蔬菜基地各一个，成为村内经济创收的来源。

大众传播在老寨村的文明乡风建设中的意义不凡，好人大道、仁义礼智信的墙画、村规民约、“廉政文化进家庭”倡议书、老寨家风歌不时映入眼帘，与山间的花、草、树木，构成一道亮丽的风景线。法治文化广场和礼义亭的潜移默化作用，志愿者队伍茶余饭后对村规民约、法律法规宣传，使文明乡风之花绽放在乡村的每一个角落。

三、玉屏及老寨村大众媒介的发展——历史与现状

（一）传统传播方式

传播学依据人类传播的历史发展进程将传播划分为口语、文字、印刷和电子四个传播阶段。口语传播伴随着人类语言的使用而开始，对于自古没有规范文字应用的侗族人来说，口语传播是其千年不变的民族文化传承方式。通过口耳相传的人际传播，将侗族的历史以及生产劳作相关知识技术编成歌谣、戏文等，以便代代相传，这种口语传播方式一直延续至二十世纪六七十年代才有所改变。在漫长的古代社会到近现代将近千年的历史延续中，玉屏侗族的主要口语传播方式有歌曲、戏剧和“讲款”三种（除日常口头交流）。

1. 口语传播之侗歌

老年人教歌、年轻人唱歌、年幼者学歌是侗族社会的传统风尚。侗歌主要有琵琶歌、玩山歌、劳动歌、劝世歌、酒歌、儿歌、山歌等种类。侗歌的情感交流功能使得它成为侗族人不可或缺的生活组成部分。其中，儿歌被视为启蒙教育的重要内容，教育小孩区分善恶的做人道理，山歌是生产劳动之歌，侗族大歌则是侗族民间音乐艺术的杰出代表，它具有其他民族所不具备的多声部合唱的艺术特色，且创作内容广泛。尽管侗歌创作的灵感来源颇多，却以模拟大自然声音来的歌曲最具艺术造诣。侗族的歌师

深受侗族人尊敬，他们可谓侗族人中的精英，不仅是文学家，又可谓音乐家，而且在文化传承方面歌师也发挥了重要作用，因为他们既通晓本民族的文化历史又具有良好品德。作为文化传承人，歌师在侗歌传授中也教给侗族人诸多知识，如做人道理、生产知识、生活技能以及侗族习俗等。侗族文化即以歌曲的形式以婉转旋律传承下去。依传播而言，侗歌的作用一是娱乐，二是宣传教育。

2. 口语传播之侗戏

侗戏是侗族文学、音乐、舞蹈的民间综合艺术形式，古朴简单，其表现形式为说唱。剧目大多以本民族民间故事为题材，如侗戏《朱郎娘美》。也有吸收汉族小说或戏剧改编而成的，如《梁山伯与祝英台》，因为改编既遵循原著又符合侗族人的接受习惯，所以广泛流行于包括玉屏在内的侗族地区。侗戏有如下特点：(1) 参演人员不固定，(2) 演员人数不确定，(3) 表演多固定在本地，(4) 只在重要节日才会和其他侗寨联谊表演。侗戏表演的意义有：(1) 沟通侗寨间的文化和感情，(2) 传承和传播侗族文化，(3) 深刻反映侗族社会生活和历史变迁的侗戏，还兼具民族文化间交流互鉴作用。通过侗戏，侗族和其他民族间的文化风采得以相互欣赏，民族习俗得以相互洞悉，从而使得民族间的文化理解和融合不断增进。

3. 口语传播之“讲款”

侗族的民间社会组织形式——款，也叫“门款”，是一种村寨与村寨间的联盟组织，也是一种民间自治和民间自卫的地缘性组织。款虽有大小之分，但相互间互不隶属。款首即各款的首领选拔采用推选制，由德高望重的村寨头人推选款内正直、广博、善说、熟悉本民族历史及款约且同样德高望重者担任。款首的职责，一是处理本款日常事务，二是执行本款款约，三是代表本款出席联席会议。

款坪用于各款集会之用。款约则是款内有关行为规约，是款组织的组成核心，规约涉及侗族生产、生活的方方面面，如婚姻家庭、道德规范、偷盗、纵火、土地山林纠纷及保护、对外关系、农事活动、文学等，款约在侗族社会所具有的强制约束力，对于侗族社会的秩序维护无疑是有益的。侗族社会通过口头“讲款”来进行款规款约的宣传。为了便于记诵，侗族的歌师还把其变成歌谣或“念词”。

（二）大众传播的发展历程

在漫长的民族历史发展中主要依靠口头传播来传承民族文化的玉屏侗族，很少受到外部媒介传播的影响。中华人民共和国成立后，电视、广播、报纸等大众媒介逐渐成为侗族地区的主要信息来源，现如今手机、因特网、融媒体等高科技又成为玉屏侗族传递信息的主要手段。

1. 报纸媒体的发展

侗族地区最早也最持久的大众传媒是报纸。中国报纸的产生最早可追溯到唐代开元年间，中华人民共和国成立后，玉屏县委在1956年创办了《玉屏日报》，报纸内容主要是收抄的新华社《记录新闻》。近年，侗族村寨基本建立了村图书阅览室，提供报刊供大家阅读，报纸种类繁多，包括《人民日报》《中国农业报》《贵州民族报》等等，均是汉文报纸。

2. 广播发展的历史与现状

玉屏的广播是中华人民共和国成立后才建立和发展起来的，1950年初，建立了收音站，有专职收音员，主要职责：收抄新华社《记录新闻》，以电讯的形式印发给县党政领导和区、乡负责人阅读，使广大干部和群众及时了解党的各项方针政策和国内外大事。

1956年县收音站撤销，玉屏县广播站建立，安装1台500瓦扩音机，200只舌簧喇叭，每天进行早中晚三次播报。除保证转播中央1台的《各地人民广播电台联播节目》、贵州人民广播电台的《全省广播站联播节目》和收转省台的部分文艺节目外，还有自办节目，播报新人新事等。随后各公社先后建立了广播放大站，配有扩音机、电唱机和收音机等设备。全县各生产大队都架设了广播专线，70%以上的农民在家就能收到广播。

1979年以后，玉屏广播电视事业有了新发展。不仅增加了中央和省台的《新闻和报纸摘要》，而坚持每天一小时的自办节目。积极发展和依靠业余通讯员，围绕县委、县政府各个时期的中心工作组织稿件，宣传学习中央的方针政策。同时，还与有关部门配合举办专题节目。此外还协助一些部门搞好宣传车广播，使广播宣传为党的中心工作服务、为生产服务。

1980年以后，部分广播放大站渐次停播。至1985年，仅有新店、大龙两个站维持正常广播。1990年广播放大站恢复至4个，1993年，广播停播。

3. 电视发展的历史与现状

1979年初，县广播站购进9吋黑白电视机1部，因无差转台，电视信号弱，无法收看，同年6月，在平溪、大龙镇修起了县电视差转台1座，广播站购置黑白电视机50台。

1980年后，电视用户迅速增加。1983年，全县电视用户共3600余户，共有电视机3645台，至1984年，全县电视覆盖率达70%以上，每天收看电视节目达到两万多人，约占总人口的20%。

1984年，玉屏县成立广播电视局，1986年建立电视差转台和卫星地面接收站。1992年，城区近2000户电视用户安装了有线电视，使用户能正常收看6套清晰的电视节目。此后，在大龙镇、玉屏火车站等6个单位和乡镇先后办起了有线电视台。

1993年，开办《玉屏新闻》《点歌台》等栏目，深受群众欢迎。1996年7月，玉屏率先开通加密电视，城区用户可清晰看到18套电视节目。2000年玉屏广播电视台成立。2003年，将玉屏电视台自办节目周二新闻改为周三新闻。

2004年玉屏广播电视台实行局、台合一，并升级改造了有线电视网络。至2005年，全县4镇2乡均设有文化广播电视站，15座卫星地面接收站，1.2万户有线电视用户，可正常收转电视节目38套。全县电视覆盖率达93%以上，并创作了一批文艺作品。

由玉屏广播电视局提供的材料显示：2019年2月1日，玉屏融媒体中心成立。目前已经建成新闻采编“中央厨房”，构建了“一体策划、一次采集、多种组成、多元发布、一端汇聚”的融合发展体系。通过更新广播电视、微信、报纸、网站等媒体的采编播设备，实现广播电视全高清数字化播出和全高清网络直播。并通过接入多彩贵州宣传文化云新闻资源，全面提升了玉屏新闻舆论宣传的影响力和传播力。

4. 网站的发展现状

随着网络媒体的发展，玉屏也开办一些具有浓郁民族特色的网站，具体可以分为三类：一是政府门户网站，例如玉屏人民政府网，主要是宣传党政方针政策，公开政府工作情况，让群众及时了解本地情况；玉屏公众信息网也是由玉屏县人民政府创建，用以推动电子政务工程，由县政府信息管理中心负责维护。二是玉屏县委宣传部，中共玉屏县委外宣办直管或者是主办的综合性网站，例如玉屏融媒体中心等是最新最快最广地传播玉屏时政、动态信息的媒体特别是在玉屏县政府发展旅游经济以来，这类网站成为宣传本地旅游资源、招商引资等的主要阵地。三是一些介绍侗族风情等内容的个人网页，也在一定程度上传播了侗族文化，增进了民族间的相互交流。

5. 当地大众媒介两大内容传播倾向

（1）彰显民族特色，广泛传播民族文化。玉屏的大众媒介重视民族文化的正面宣传，注重对少数民族优秀人物、事件、风情的报道，这些节目视频均可广泛播报于腾讯、优酷视频等网络平台上。

（2）抓住战略核心，推进大众媒介改革发展。玉屏发展战略已成为所有玉屏大众媒介改革发展的宏观背景。随着玉屏广播电视台转设为玉屏融媒体中心，为了加大对玉屏优越的自然风光与独具特色的民族风情的宣传，玉屏媒体为此新增了一系列介绍本县自然风光、民俗民风的内容，以挖掘、保护、传承、弘扬玉屏原生态民族文化。

作为距离玉屏仅有八千米的村寨，老寨村的大众媒介发展之路顺应于整个县城的上述媒介发展状况和历程。

第四节　大众媒介传播之多民族聚居区个案

——安顺普定县猫洞村

一、普定县、猫洞乡及猫洞村的区域环境

普定县位于贵州省中部偏西，位于素有“黔之腹，滇之喉”之称的黔中腹地，地处东经 105°27′49″—105°58′51″，北纬 16°26′36″—26°31′42″，隶属安顺市，东与安顺市西秀区、开发区、平坝区比邻，南与镇宁县、六枝特区相接，西靠六枝特区，北抵织金县。行政辖区面积 1091 平方千米。包括 4 个街道办、6 个镇、3 个民族乡和 175 个村庄，是一个多民族聚居地区，汉族为全县总人口的 80%左右，苗族、布依族为主要少数民族。

普定交通便捷，境内公路东西纵横，南北延伸，紧邻黄果树、龙宫两个

国家5A级景区，北接国家4A级景区织金洞。距安顺市区仅15分钟车程，距黄果树机场12千米、贵阳龙洞堡机场108千米，贵昆铁路、黄织铁路和省道安（顺）织（金）公路穿境而过，全县公路总长1217.9千米，普（定）安（顺）高速、同城大道均已建成通车，构成了立体的交通模式。

普定县城距安顺28千米，距贵阳118千米。辖区东西长51.4千米，南北宽40千米，总面积1079.93平方千米。年平均温度15.1℃，日照1164.9小时，降水量1396.6毫米，全年无霜期高达301天，属亚热带季风湿润气候区。

普定县是贵州省的文明县、卫生县以及基层组织建设先进县和双拥模范城，更是全国文化先进县。

猫洞乡位于普定县境东北部，西与本县白岩镇、城关镇，南与西秀区轿子山镇、蔡官镇，东与平坝区东平镇相邻，北与本县补郎乡、猴场乡隔河相望。行政区域面积90.13平方千米。地处三岔河以南、苗岭山脉东北部，山高坡陡，碳酸盐岩石分布广，岩溶发育强烈，境内最高点海拔1667米，最低点海拔1042米。年平均气温14.5℃，1月平均气温-3℃，7月平均气温24℃，无霜期年平均289天，年平均降水量1391.9毫米。境内已探明地下矿产资源有煤、铁、铜和石灰石等。煤主要分布在犁口、普祥、坝奶、补堆等村；铁、铜主要分布在中孟、补堆、补龙、螳螂等村；石灰石主要分布在吭州、大地等村。

猫洞苗族仡佬族乡在民国时期隶属白云乡；1984年，更名猫洞苗族仡佬族乡；1991年11月，补堆、窝子2乡并入。截至2018年末，猫洞苗族仡佬族乡户籍人口为32537人。截至2020年6月，猫洞苗族仡佬族乡辖1个社区、14个行政村，耕地面积共计1.97万亩。乡人民政府驻月亮村。截至2018年末，猫洞苗族仡佬族乡户籍人口为32537人。

2011年末，猫洞苗族仡佬族乡有邮政所1个。电信、移动、联通营业服务代办网点20个。

猫洞苗族仡佬族乡现有工业企业20个，其中规模以上4个，有营业面积超过50平方米以上的综合商店或超市33个。2011年的农民人均纯收入仅为3442元，如今的农民人均可支配收入已达8914元。

2019年，猫洞苗族仡佬族乡被评为第七批全国民族团结进步示范区(单位)。

猫洞村隶属于普定县猫洞乡，地处普定东北部，距普定县城33千米，有通村硬化公路与白猫公路相连，交通便利，村内田连阡陌，少山。全村可使用土地面积1036亩，有丰富的煤炭资源。全村人口1557人，其中苗族占32%，是汉苗杂居村寨。近年来，村民除保留传统种植、养殖外，还充分利用区位优势，发展起了茶叶产业和交通运输业，人均收入大为改观，村各项事业得到长足发展。通过“党建搭台，经济文化唱戏”的方式，已有15名党员成为致富能手，正带领广大农户大兴茶叶种植产业，致富奔小康。

二、普定县猫洞村的大众媒介发展——历史与现状

大众媒介是相对于新媒介而言，主要指广播、电视等，往往受驱于国家行政力量。从国家有线广播网的设置到农村广播电视“村村通”，再到现在的“户户通”网络工程，现代大众传播媒介网络体系已经在猫洞村全面建成，对于面向乡村这样最基层社会的政策宣传和社会整合乃至经济推动作用巨大。不仅如此，如今的普定广播电视事业的发展已经进入融媒体时代，位于穿洞文化广场政务大厅九楼1000平方米办公场地，普定融媒体中心于2019年2月28日成立，所建立的技术与服务相关主要部门有：中央厨房指挥调度中心、技术部、新闻采集中心、普定报编辑发行部、电视部、广播电台部、新媒体平台部、党建服务部、政务服务部、公共服务部和文艺部等，现有员工28人。数字技术融合上，实现了《普定报》、普定县广播电视台等传统媒体与普定人民政府网等网站的有效融合和资源共享，创建的普定电视台微信公众号、活力普定微信公众号、活力普定央视新闻移动网、活力普定央视频、微博、抖音号、活力普定快手号、活力普定微视频号、活力普定微博号和活力普定App等新媒体平台账号成为普定政治经济文化发展和相关政策宣传、普定形象树立的很好的宣传工具，现状的形成必然有其历史的足迹。

（一）普定由县至村的广播发展

普定县广播站的建立始自1979年，而时为猫洞公社广播站的建立则始于1980年。当时的县广播站自办节目有普定新闻、科技知识、知识与生活、文艺、天气预报等内容。自1981年县广播站改设为县广播事业局后，

随着一些公社广播站的停播，县内自办节目种类增加了农村广播、生活之友、地区联播新闻、科技经济信息、普法讲座、“普边行”专题广播等内容。随着1986年普定县广播信号从有线传输向无线传输的发展，1987年的普定县广播站有通讯员60人以上，其中骨干人员20人，后为解决广播站至电视差转台之间的传输问题，培训通讯员600人次。1990年，县内拟定全县农网三年恢复发展计划，县广播专线达到150千米，喇叭156只，包括猫洞在内的乡都有广播站。县广播站利用调频传输信号到区乡广播站，每天早中晚三次播放中央台、省台和县内的节目。1992年农村广播网改造时，广播已经覆盖包括猫洞村在内的117个村寨12.8万人。随着调频广播站的建立，至1998年，普定县有广播室156个，喇叭304只，1999年，电视中心、电视差转台、广播站三合一组成县广播电视台，普定县广播室增至196个，喇叭增至372只，完成组稿2186篇。2002年，全县有线广播电视用户1.35万户，其中广播覆盖人口达至36.19万人，占全县人口总数的90.66%。

（二）普定由县至村的电视发展

其一，初步发展阶段。普定县的电视发展始自1980年在县城西门外建立电视差转台，并同时安装黑白彩色兼容的电视差转机2台，用于差转安顺台节目。当年底，普定县电视用户即从180台增加至340台，受众人数达2万人。时间来到1988年，随着卫星地面接收站的建成，电视台可以通过发射机转播中央电视台综合频道（CCTV-1）、中央电视台财经频道（CCTV-2）节目；普定县教育局也建立自己的卫星地面接收站接收教育节目。1989年以后随着有线电视设备的安装，当时的1714户电视用户都可以全天候收看中央台和贵州台、云南台、新疆台、中央教育等台节目。自办节目则在每周二、四、六、日晚上播放，所播内容有普定新闻以及自制专题片《绿色的呼唤》等。随着传输光纤、电视发射塔等设备的安装，至1992年，包括猫洞乡在内的基层政府驻地相继开通开路电视。至1995年，普定电视台开设的电视栏目有《普定新闻》《普定经济建设》《东南西北普定人》《周末之窗》《观众点播》《风景线》等，并拍摄电视专题片《亚洲文明之灯——中国·贵州穿洞古文化遗址》。1997年，采取“政府+村委+农户”模式发展农村电视，自办节目开设农民健康教育、生命知识等专题。1999年，普定广播电视台成立，电视节目从以前的13套增加至32套，《全县“村村通广播电视”工程建设实施意见》也得以制定并实施。其二，由技术与政策支持的发展阶段。“村村通广播电视”工程的实施，使猫洞村的大众传播覆盖面得到有效扩大，覆盖盲区仅剩50个左右，电视覆盖人口占比90.68%，有效解决了农村受众的收视难题。随着社会生产力的发展，广播电视所提供的服务无法满足农村受众日益增长的精神文化需求。于是，“村村通”的提质增效升级于2003年开始，已有266个广播电视站的普定县继续在220个村寨实行“村村通”工程，模拟信号改数字信号工作也开始展开。至此，中央及省市卫星广播电视节目以及地方台节目都可以收听收看。随着电视建设工作在自然村的相继展开，至2005年，网络传输用户达五千余户，可收看电视节目多至43套。其三，数字化网络电视阶段。随着互联网的发展及其在乡村的延伸，猫洞村的“手机套餐+网络宽带+网络互动电视”的“融媒体”一体化业务可为村民提供内容丰富的网络互动广播电视服务。全村已成功接入电信或移动光纤线路的用户家庭约有一半。网络互动电视为猫洞村受众带来了个性化的节目选择和服务感受。电视的易于操作和节目的丰富多彩使其在乡村用户中受到较广泛的喜爱。

（三）普定由县至村的电影放映

1978年的普定县有电影院一个，国办放映队一个，社办放映队11个，至1981年放映队增至24个，观众人数也由1980年的407万人增至468万人。1983年，28个公社已有29个放映单位，1986年普定县组建影评队伍，创办影评小报。1987年放映电影多达8134场，观众人数555.2万人。至1990年，电影业务因音像市场的影响而呈下滑趋势。1998年，贵州省文化厅将普定县列入农村电影启动县，后随着国家“2131”工程（21世纪每一个村每一个月放映一场电影）的提出，全年放映电影八百余场。2000年开展农村普法宣传专场放映和贵州省首届农民电影艺术节开幕式县内放映。2002年设立农村电影放映发展基金。至2003年，普定乡镇电影放映覆盖率达65%。2021年3月28日，随着普定电影电视家协会第一次代表大会的召开，普定的乡镇电影放映有望新增加普定本土故事内容。

（四）普定由县至村的网络技术

其一，电脑网络。在城市普及率较高的电脑网络，在乡村生活中并不是一个生活必需品。尽管如此，普定县的电信宽带网络也早在2002年即首次开通，至2005年宽带用户已有包括猫洞村在内的1240户之多。而移动网络在普定县的首次开通始于2000年，至2001年，猫洞村也同样实现了移动网络覆盖。2006年，移动公司与农业局合作建成“农村信息化平台”。至此时，普定县有移动GSM网络基站73座，317个村实现通信网络覆盖，对自然村的覆盖率达86%。如今，随着乡村振兴战略下的网络扶贫工作的展开，4G网络已经覆盖全部乡村包括猫洞村，高质量的宽带网络已经服务到每一个村民。其三，手机网络。21世纪以来，座机电话开始在贵州农村家庭使用，随着科学技术的不断进步，手机进入村民生活，并从非智能化发展成智能化。如今的智能化手机已经从3G网络发展成4G网络，5G网络也已开始使用。手机智能化主要体现在高清视频、移动网游、3D导航等功能的实现。也正因此，如今的猫洞村村民在手机的使用上，除了为手机的通话功能付费外，更注重的还是它的上网流量。

三、猫洞村民族团结进步创建中的组织传播

不断探索农村民族工作在新时期的新思路，持续发展平等、团结、互助、和谐的民族关系。猫洞村通过开展形式多样的主题活动，用共同的信念、共同的理想、共同的感情团结凝聚各族群众。依托道德讲堂、新时代农民（市民）讲习所、村级活动室等阵地，开展感恩教育、文明创建等活动，大力弘扬中华民族传统文化，引领良好社会风尚；充分利用帮扶村书记大宣讲、中心组学习、“文艺名家进舞台”文艺宣讲等形式，开展党史学习教育、民族团结教育和社会主义核心价值观教育，构筑中华民族共同体意识宣传教育的主流阵地；组织“我们的中国梦·文化进万家”、民族团结进步宣传月活动等文艺演出及布依族“六月六”、苗族“跳花节”、仡佬族“吃新节”等民族文化节庆活动，以群众喜闻乐见的形式传递团结、互助、进步、友好的理念，促进各族群众交往交流交融，构筑中华民族共有精神家园，引领各民族人心归聚、精神相依，形成人心凝聚、团结奋进

的强大精神纽带。

作为基层的民族团结进步创建单位，猫洞村不只是停留于创建工作的表面，更将创建内容深入村寨各角落。

为搞好创建工作，猫洞村结合社区自身特点，坚持把民族团结进步创建与法律学习结合起来，深入开展铸牢中华民族共同体意识教育，全面贯彻落实宪法、民族区域自治法及其他相关法律法规的学习；完善矛盾纠纷化解体系，建立"一中心、一张网、十联户"的社会治理机制。按照"属地管理、分级负责"的原则，科学协调、处置涉及民族因素矛盾纠纷，推进自治、法治、德治融合发展，汇聚起维护民族团结和社会和谐稳定的强大合力；通过"七五"普法、"扫黑除恶"等工作，把社会主义核心价值观融入法治教育和道德教育，引导各族群众在生活上互帮、文化上互鉴、习俗上互容。

从以上情况，我们可以看到民族团结活动创建中组织传播所起到的重要作用，尽管媒介的运用无处不在，但对大众媒介的影响与应用的认识却亟须提高与加强。

第五节　大众媒介传播之多民族聚居区个案

——黔东南黎平县雷洞村

一、黎平县、雷洞乡及雷洞村的区域环境

黎平地处贵州省东南部，隶属黔东南苗族侗族自治州，位于黔、湘、桂三省交界地，国土面积4441平方千米，是一个以侗族聚居为主，侗、苗、汉、瑶、水、壮、彝和布依族等10多个民族杂居的县。

雷洞瑶族水族乡位于黎平县东南部，地处黔、桂两省交界，乡所在地雷洞村距离黎平县城约100千米。雷洞瑶族水族乡始建于1992年2月，至2011年末，雷洞乡辖有16个行政村，56个自然寨，99个村民小组。辖13个行政村，乡辖面积82平方千米，90%以上为山地和丘陵，森林覆盖面积占总面积64%，平均海拔555米，气候特征为温暖、湿润的季风气候，年

平均气温 17℃，年降水量 1250 毫米，无霜期 285 天。耕地面积 7005 亩，主产杂交水稻、糯禾、油菜、茶油等，特产罗汉果、百合、银杏。农村经济收入主要来源于种养殖业、加工业和外出务工，加工业主要是竹器编织和宝石加工等。

乡内民族主要由侗族、瑶族、苗族和水族构成，民族民间文化丰富多彩。民族文化活动主要有唱侗歌、演侗戏、踩歌、赶社、祭萨、芦笙赛等。民族民间节日主要有农历“九月二十七”丰收节，“十月十二”鱼冻节，吃新节，祭祖节等。

2000 年底，当时雷洞乡的 16 个行政村基本实现“村村通”闭路电视。乡所在地雷洞村开通程控电话和联通、移动电话，其余村寨开通无线电话。

作为雷洞乡政府所在地的雷洞村同样为瑶族、水族、侗族和其他多民族所聚居。村名中“雷”为侗语谐音，后加“洞”意指侗族。作为乡政府驻地的雷洞村为雷洞瑶族水族乡的政治、经济、文化中心。地处河谷，海拔 290 米，水牙公路穿境而过。东接岑管村，南邻美样村，西与水口镇新寨村接壤，北抵水口镇花柳村。辖 2 个自然寨和 5 个村民小组。耕地面积 407 亩，其中稻田面积 376 亩。主产水稻、茶油、油菜，次产红薯、土豆等农作物。村民主要经济收入来源于种养殖业和外出务工。村内有完全小学一所，远程教育播放点一个，侗族鼓楼一座。道路硬化率 90% 以上，自来水设施配套，国家电网接通。

由于雷洞村更为明显的多民族聚居特征，故将该田野点的研究主要聚焦互联网新媒介如何增进多民族及其文化间的交往交流交融问题，上述问题正是新时期民族团结进步活动创建的相关内容主线。

二、黎平县雷洞村多民族文化呈现兼容并蓄特征[①]

雷洞村多民族文化所呈现的兼容并蓄特征主要体现在以下三个方面。

其一，共存互补：雷洞村的多民族分布及其各自文化特色。

---

① 关于雷洞乡和雷洞村的调查及其相关内容主要由贵州民族大学 2020 级传播学系毕业生粟依芳完成。

雷洞村，作为黔东南苗族侗族自治州黎平县雷洞乡的乡政府所在地，其民族成分多样，苗族和侗族等各民族的文化相互交融、相互借鉴，形成了独特的文化景观。

具体来说，苗族是雷洞村的主要民族之一，其人口数量约占全村总人口的45%。苗族人民在雷洞村留下了浓墨重彩的文化印记。他们的银饰制作技艺精湛，每一件银饰都仿佛诉说着古老的故事。苗族妇女们巧手绣制的刺绣作品，更是将大自然的美丽与生活的智慧融为一体，展现出独特的艺术魅力。苗族的歌舞更是其文化的重要组成部分，飞歌、芦笙舞等舞蹈形式，以独特的韵律和节奏，表达了苗族人民对生活的热爱和向往。

在雷洞村，侗族文化同样熠熠生辉。侗族也是雷洞乡的重要民族之一，其人口数量占全村总人口的约35%。侗族的鼓楼和风雨桥不仅是他们传统建筑的杰出代表，更是侗族文化的象征。鼓楼高耸入云，气势磅礴，风雨桥则横跨溪流，连接着侗族人民的家园。这些建筑不仅是侗族人民的智慧结晶，也是他们与自然和谐共生的最好证明。而侗族大歌，作为侗族人民世代相传的无伴奏合唱形式，以其高亢激昂的旋律和深情的歌词，征服了无数听众的心。

雷洞村各民族文化在保持自身独特性的同时，也在交流中相互学习、共同进步，这种交流尤其体现在节日庆典和民俗活动中，此时，各民族更是欢聚一堂，共同庆祝节日、共同分享交流。这种共存互补的文化交流模式，不仅丰富了雷洞村的文化内涵，也促进了各民族之间的和谐共处和共同发展。在增进各民族之间的联系和友谊的同时，更促进了民族文化的传承和发展。

雷洞村各民族之间的和谐共处和文化繁荣发展正是其多民族之间不断交往交流交融的结果呈现。

其二，共生互动：雷洞村各民族及其文化间的相互交往交流交融。

首先是节日庆典与民俗活动的交织。雷洞村的多民族文化交流已经深入社会生活的各个方面，展现出丰富多彩的面貌。这种交流不只是形式上的互动，更是深层次的融合与互相影响。雷洞乡的节日庆典和民俗活动是多民族文化交流的重要舞台。在这些活动中，苗族、侗族等多个民族的传统习俗和庆祝方式相互交织，形成了一种独特的文化交融现象。例如，苗族的苗年节和侗族的大歌节都会吸引来自其他民族的居民参与，共同庆祝。这种跨民族的庆祝活动不仅展示了各民族文化的魅力，还促进了不同民族之间的情感交流和认同。

其次是其多元文化教育。近年来，雷洞村附近学校也开始注重多元文化教育。通过开设民族文化课程、组织校外文化体验活动等方式，学校为学生们提供了一个了解和欣赏不同民族文化的平台。这种教育方式不仅增强了学生们对本土其他不同民族文化的认同感，还培养了他们的文化包容性和多元文化意识。

其三，多元一体：雷洞村多民族文化交往交流交融的结果。

正是雷洞村多民族及其文化间的不断交往交流交融，使得雷洞村文化呈现出“多元一体”特征。

首先是语言方面的“多元一体”体现。雷洞村居住着苗族、侗族、土家族等多个民族，他们各自拥有独特的语言体系。在日常生活中，各民族群众通过交流互动，逐渐形成了一种融合了多种语言元素的方言，这种方言既保留了各民族语言的特色，又融入了其他民族的语言元素，成为雷洞乡独特的语言文化符号。

其次是节日庆典上的“多元一体”体现。雷洞村各民族都有各自独特的传统节日，如苗族的苗年、侗族的大歌节等，雷洞村的这些节日庆典不再是单一民族的狂欢，而是各民族共同参与的盛会。各族群众欢聚一堂，共同庆祝，分享彼此的喜悦，由此增进了民族之间的友谊和团结。

再次是在民间艺术方面的“多元一体”体现。苗族的刺绣、侗族的鼓楼建筑、土家族的歌舞等，都是各民族独特的艺术瑰宝，而在雷洞村这些艺术形式得到了相互的借鉴和融合，形成了其独具特色的民间艺术风格。这种艺术风格不仅丰富了雷洞村的文化内涵，也为当地的文化产业发展注入了新的活力。

三、雷洞村的新媒介运用及其在民族交往交流交融中的作用

随着科技的进步和社会的发展，互联网新媒介在雷洞村的应用也越来越广泛，并在民族交往、文化交流中发挥越来越重要的作用。

（一）以手机为代表的互联网新媒介在雷洞村的运用情况

如同城市社区一样，作为互联网新媒介的手机在目前的乡村社会使用也是同样频繁，它们不仅成为农村受众获取信息的主要渠道，也是乡村社会进行民族文化传播交流的重要平台，雷洞村的手机媒介使用情况同样如此。

20 世纪 90 年代的雷洞村使用的还是家用座机电话，但对村内大部分家庭来说安装这样一部电话机还是有困难的，进入 21 世纪以后的雷洞村情况则变得不同，村民的座机电话数量随着收入的增加而不断增加。2004 年左右，雷洞村进入移动电话的 2G 网络时代，移动电话的携带方便性促使雷洞村稍有经济基础的不少人购买使用，但 2G 网络时代的移动电话使用功能有限，仅能用来拨听电话和收发短信。2009 年以后，雷洞村进入智能手机的 3G 网络时代。较大屏幕的、可触屏智能手机使用成为雷洞村的一种时尚。2014 年以后 4G 网络时代的到来，智能手机不仅能够观看高清视频，进行智能导航，更有网络游戏带来的欢快娱乐。4G 智能手机带来的多元化生活体验促使雷洞村一些家庭升级自家网络带宽，以便尽情享受 4G 网络带来的视听盛宴。由此，智能手机终端改善了雷洞村村民的信息匮乏问题，在帮助村民更精准及时地把握社会动向方面功不可没。智能手机便捷的上网功能使得微信平台和抖音、快手等短视频平台为村民们所频繁使用，从而在新时期民族团结进步创建活动中尤其是以多民族交往交流交融为内涵的铸牢中华民族共同体意识教育中发挥重要作用。

（二）以手机为代表的互联网新媒介在雷洞村各民族交往交流交融中的作用

雷洞村多民族间以文化为媒介的交往交流交融，手机微信为其主要参与者与建构者。由于雷洞村村民基本都会使用微信进行沟通，故而手机微信成为雷洞村多民族间的一种新的传播方式，多民族间的交往交流交融也从村民们的实际接触进入以微信群和朋友圈为活动范围的线上空间。

经过实地调查发现，雷洞村微信群主要有生活互助、青少年教育以及乡村旅游三个群。一是生活互助群，主要人员有雷洞村村民代表、村委会工作人员以及志愿者，主要用来发布村内生活信息，如农事活动、天气预报、停电通知等。提供生活互助信息，如寻找失物、求助医疗、农产品销售等。二是青少年教育群，成员由雷洞乡学生及家长、学校教师组成，主要用来发布学校通知、作业安排和考试成绩等信息，分享学习资源和教育经验，提高学生学习效率。三是乡村旅游发展群，主要成员有雷洞乡旅游从业者、村民代表及旅游公司等，负责发布乡村旅游信息和优惠政策，分享乡村旅游成功案例和经验教训等相关内容。正是上述微信群以及村民个人的微信朋友圈促进了多民族间的交往交流交融。

1. 微信群：强化雷洞村多民族间以文化为媒介的交往交流交融

微信群实现了村民间的交往从现实生活到虚拟线上生活的转变，多民族间通过文化媒介的交往交流交融由此得到强化。

其一，微信群中村民的日常网络互动与雷洞村多民族交往交流交融的强化。

微信群作为微信平台的核心功能之一，为雷洞村的多民族交流搭建了一个虚拟而又充满活力的交流平台。在这里，不同民族的成员可以随时随地发起话题、分享信息、交流思想，进一步强化对彼此民族文化和风俗的认识，使得多民族文化得以在微信群这一小小的网络空间内汇聚、碰撞和融合。此外，微信群还提供了雷洞乡多民族间文化交流的即时性以及反馈机制。微信群成员们可以在群内即时交流心得、分享感受，对彼此的文化活动进行点评和讨论。这种互动不仅丰富了彼此间交流的内容，更提高了彼此交流的深度和广度，使得民族间的情感交融通过微信群这一空间而得到强化。再者，雷洞村微信群中的各民族成员通过文字、图片、语音和视频等多种形式，展示各自民族的文化特色和生活习俗。苗族的歌舞、侗族的鼓楼、土家族的传统手工艺等，都在其中得以生动呈现和广泛传播。这种跨民族的交流方式，不仅加深了各民族之间的了解和友谊，更在无形中促进了多民族文化的交融与发展。这种日常交流也成为雷洞村多民族聚居生活的新模式。

其二，微信群中的民族文化集体记忆与雷洞村多民族交往交流交融的强化。

由于现实的熟悉度、民族关系的和谐以及多民族文化交往交流交融的支撑，使得自然灾害、经济发展成为雷洞乡微信群讨论的热点和共识性话题，通过微信群中照片、视频和语音表达出的喜悦之情和相互鼓励，使得民族间关系的黏性大大增强。而对村民习以为常的民族风俗作出合理化解释更是雷洞乡多民族文化交往交流交融得以强化的路径之一，这种解释不仅能够加强村民们对相关风俗的记忆与理解，还能够加深群内各民族间的相互认识和文化理解。例如，在雷洞乡的村民微信群中，有一次村民们就春节展开了热烈的讨论。这个节日对于当地各民族来说都有着重要的意义，但不同的民族在庆祝方式和习俗上存在一些差异。在微信群中，大家纷纷分享自己民族的庆祝方式，解释其中的文化含义和象征意义。通过这种讨论和分享，不仅加深了村民们对各自民族文化的认同和理解，也促进了多民族文化交往交流交融的进一步强化。

其三，微信群中的“意见领袖”影响与雷洞村多民族交往交流交融的强化。

微信以其即时性使得群内每一个用户可以随时共享其所愿意发布的信息并与群内成员即时互动。由于不同背景群成员所接触到的信息的差异，在微信群中位于信息生产与发布的中心节点的用户凭借自己所拥有的知识背景和社会关系进行着信息的生产与发布，成为微信群中的“意见领袖”，雷洞村微信群中的“意见领袖”多是一些政治精英或文化精英。雷洞村的村民微信群中就有这样一位“意见领袖”，他不仅是村委会的成员，还是一位对民族文化有着深厚情感的老者。他经常在微信群中分享关于当地民族文化的文章和图片，引导村民们关注和了解自己的民族文化。同时，他也积极组织线上的民族文化讨论活动，邀请村民们一起探讨民族文化的传承和发展。在他的引领下，微信群成为村民们了解民族文化、交流文化心得的重要平台，民族间的交往交流交融也由此得以强化。

2. 朋友圈：建构雷洞村“多元一体”的文化格局

除了微信群外，微信朋友圈也是雷洞村多民族文化交往交流交融的重要阵地。通过发布朋友圈动态，雷洞村的各民族成员可以展示自己的文化特色和生活状态，吸引更多人关注和互动。

在朋友圈中，我们可以看到苗族姑娘身着精美的刺绣服饰，侗族小伙在鼓楼前拍照留念，土家族老人分享着传统的歌舞视频……这些丰富多彩的内容不仅展示了各民族的文化魅力，也构建了一个“多元一体”的文化格局。这种格局不仅体现在朋友圈的内容上，更体现在人们的互动和评论中。不同民族的朋友在朋友圈中相互点赞、留言，分享彼此的感受和看法，进一步促进了多民族文化的交流与融合。

如今，微信朋友圈早已成为雷洞村村民日常频繁使用的交流空间，在这里，虚拟与现实互动互构。它反映的已不仅是个别村民的思想表达，更是本地区不同民族价值观、审美观以及生活方式的相互交流，朋友圈为村民们带来了关于雷洞村这个共同体的想象。正是互联网和微信平台给予雷洞村村民当下的共同性表达和共同体想象。媒介不仅为雷洞村村民带来了日常生活的便捷，更让以往看似具有差异性的表达，形成一种具有共同性价值的聚合反应。

通过微信朋友圈的传播，雷洞村的多民族文化得以更加广泛地传播和分享。越来越多的人开始关注和了解这些独特的文化现象，从而间接推动了雷洞村“多元一体”文化格局的进一步发展。

其实，与微信一样在手机上使用的还有以抖音为代表的短视频平台以及微博等社交媒体，加之以智能摄像头为代表的数智媒介的应用，甚或App和小程序，它们作为推动雷洞村多民族以文化为媒介进行交往交流交融的新兴力量，在功能运用上，与微信带来的文化传播功能或许有所差异，但因其在传播沟通多民族文化的本质性上与微信具有共通性，故而仅以微信作为以智能手机为代表的互联网新媒介传播的代表。

四、新媒介对雷洞村以文化为媒介的多民族交往交流交融的影响

新媒介对雷洞村多民族间以文化为媒介的交往交流交融所带来的影响，主要体现在以下方面。

（一）新媒介改变了雷洞村以文化为媒介的多民族交往交流交融方式

传统的民族文化传播方式，如口头传承、节庆活动、手工艺品等，无疑具有深厚的历史底蕴和文化价值，它们在当地社区和族群内部仍然扮演着重要的角色。然而，随着现代媒介的介入，特别是互联网、社交媒体和移动应用等平台的兴起，民族文化传播的路径和方式发生了显著的变化。

首先，新媒介搭建了以文化为媒介的多民族间交往交流交融的桥梁。通过新媒介，雷洞村村民们可以轻松地与来自本地区或其他地区的其他民族的人们建立联系，分享自己的故事、习俗和文化特色。从而增进相互之间的了解和认同。在增进民族间的团结和相互进步的同时，带来民族间的交往交流与进一步交融。

其次，新媒介带来了以文化为媒介的多民族间交往交流交融更加即时互动的体验。雷洞村村民们在通过微信、微博、抖音等形式的社交媒介平台分享图片、视频、故事等内容的同时，便向外界展示了他们的日常生活、节庆活动、手工艺品等相关文化内容。这种传播方式不仅增强了外界对雷洞村民族文化的直观感受，而且促进了各民族文化间的交流和互动。

再次，相关 App 新媒介的应用带来了以文化为媒介的多民族间交往交流交融的更多可能。相关人士针对雷洞村的民族文化所开发的相关 App 小程序，可以为使用者提供关于雷洞村的民族文化体验、在线文化教育等服务。App 小程序所具有的便捷性，可以使使用者随时随地访问，不分时间地点地了解和体验雷洞村的民族文化。这样，不仅丰富了雷洞村多民族文化传播的手段，也扩大了该文化传播的受众范围。同时，相较于传统传播方式，也使得民族文化的传播更加高效、便捷和广泛。

最后，新媒介带来了以文化为媒介的多民族间交往交流交融的广阔的文化及其产业推广的平台。无论是精美的手工艺品、丰富多彩的节庆活动，还是富有民族特色的音乐、舞蹈和服饰，都可以通过新媒介获得广泛传播，让更多人得以了解和欣赏。通过新媒介对多民族文化进行展示不仅有助于提升其知名度和影响力，还有助于激发外界对雷洞村的好奇心，从而推动地域文化与外界空间的更广泛交流。再者，通过新媒介平台推广雷洞村相关的多民族文化旅游和手工艺品等产业，可以吸引更多的游客前来雷洞村体验和购买民族文化产品，由此，不仅能推动当地经济发展，带来居民收入的增加，而且有助于提升民族文化的商业价值和市场竞争力。同时，随着文化产业的不断发展和村内外交流的不断加深，雷洞村民族文化的传承和创新也有了更多机会和更大可能，多民族交融的文化内涵和表现形式将更加丰富。

（二）新媒介带来了雷洞村民族间以文化为媒介进行交往交流交融的机遇

新媒介打破了雷洞村传统的人际交往模式，人与人之间的交流渠道得以从实际接触拓宽为媒介架构。雷洞村村民们面对不断更迭的新型大众媒介，也能逐渐熟练地将其运用到人际互动和民族文化传播中，更为雷洞村多民族间以文化为媒介进行交往交流交融带来了机遇。

首先，由新媒介参与的民族文化记忆重现成为一种有效形式。

新型大众媒介所具有的存储、还原功能不仅能够留存记忆，更能够唤醒记忆，还原以往的文化、族群、个人故事场景，由此反映出雷洞村各民族间的互动和以文化为媒介进行交往交流交融的动态过程。目前，大众媒介的此种作用在雷洞村依然发生。

新型大众媒介对村民的文化记忆的影响是潜移默化的，雷洞村村民们能够运用媒介进行相关文化仪式的存储和回放，对于村中节庆、祭拜等活动进行描述时都可通过媒介内的视频内容，或是手机照片，或是活动录像，进行情景和情感的补充还原，甚至在观看时，再尽兴表演一段，以此复现记忆并产生共情。

当新媒介替代文字成为文化记忆的主要载体，新型媒介便成为雷洞村文化仪式、歌舞等文化活动的主要记忆和传播载体。也就是说，文化记忆的主要载体变成了新型大众媒介。而新型大众媒介所带来的还原作用使多种形式的文化形象得以重现。新媒介作为文化记忆的载体，促成了现实生活与文化记忆之间的互动，正是在文化记忆的重现中再次实现多民族间以文化为媒介的交往交流交融。新媒介记录下的雷洞村不同民族文化活动的重要瞬间，也成为村民了解其他民族文化、重现其文化传统的重要途径之一。

由上述可知，新媒介在引发情感共鸣和记忆重建的同时，也成为族群记忆重现的载体，而新媒介本身也在村民的使用过程中成为一种回忆，即媒介记忆。当前的雷洞村的不少村民能够有意识且熟练使用新媒介记录和传播村中不同民族文化及其相互间的交往交流交融情况，正是对媒介记忆的运用和适应。新型大众媒介已成为雷洞村多民族间以文化为媒介进行交往交流交融中记忆重现的有效形式。

其次，媒介赋能：增进多民族间以文化为媒介的交往交流交融。

新媒介语境中，雷洞村村民们从认识媒介到运用媒介，利用媒介特征及其传播优势进一步、多渠道地巩固多民族间以文化为媒介的交往交流交融的状态，带来了旅游相关产业的发展和村民经济收入的增加。新媒介信息的流动和渗透增进了由于传播渠道从单一到多样转变而带来的多民族间以文化为媒介的交往交流交融。

媒介赋能雷洞村发展及其多民族间以文化为媒介的交往交流交融大致经历了三个阶段。每个阶段都见证了新媒介如何逐渐深入并推动当地的文化传播、经济繁荣以及人际互动。

在第一阶段，新媒介的初步引入和应用为雷洞村的多民族文化交流打开了新的窗口。村民们开始初步接触手机等新媒体，通过它们了解外界的信息和文化。同时，一些外来游客通过博客、论坛等网络新媒体平台分享他们在雷洞村的旅行经历，配以精美的图片和生动的文字，让更多人对这片神秘而多彩的土地产生了浓厚的兴趣。这些早期的新媒介应用，虽然规模有限，但为雷洞村的多民族文化交流奠定了初步的基础。

进入第二阶段，随着互联网和智能手机的普及，雷洞村的多民族文化交流进入了快速发展阶段。村民们开始利用微信、微博等社交媒体平台，与外界进行更广泛的互动和交流。他们分享自己的日常生活、民族风情和节日活动，吸引了越来越多人的关注和点赞。同时，一些有远见的村民开始尝试通过网络平台销售当地的特色手工艺品和农产品，既拓宽了销售渠道，又增加了经济收入。在这个阶段，新媒介的赋能作用开始凸显，多民族间以文化及其产业为媒介的交往交流交融得以不断推动。

到了第三阶段，媒介赋能的作用进一步增强，推动了雷洞村多民族文化交流与地区发展的深度融合。一方面，村民们通过参与网络直播、短视频等新型媒介形式，将雷洞村的文化魅力展现得淋漓尽致。他们身着民族服饰，展示传统歌舞，讲述历史故事，让更多人领略到了这片土地的独特风情。另一方面，雷洞村也积极与旅游公司、媒体机构等合作，通过举办文化节、旅游推广活动等方式，进一步提升当地的知名度和影响力。这些活动不仅吸引了大量游客前来观光旅游，也带动了相关产业的发展，为当地经济注入了新的活力。媒介赋能推动雷洞乡产业发展的同时，也在与外来游客的频繁信息互动中为自己提供了越来越多的可选择性。游客来时与村民合影，走时购买村民家的蜂蜜、核桃、油等农产品，甚至通过互加微信再次合作。新媒介带来了游客和村民的美好记忆，在扩展村民交际圈的同时，也使其能够跟上现代化步伐，并通过媒介渠道增加自身经济收入。由此，新媒介建构了雷洞村多民族间以文化及其产业为媒介的交往交流交融的可延伸场景，并成为村民与外界进行互动的渠道之一。

综上所述，以手机为代表的新型大众媒介在为雷洞村带来人与人、民族与民族之间交往方式改变的同时，更带来了村寨文化生产方式与以文化为媒介的多民族交往交流交融方式的转变，这种转变既是一种机遇，同时也存在不少问题，突出表现在以下两个方面。其一，新媒体的使用技能在雷洞乡表现出明显的差异。由于经济条件、教育资源以及地理位置等多方面因素的限制，使得一些雷洞村村民无法充分利用新媒体进行多民族间的文化交流和人际交往，导致民族间以文化及其产业为媒介的交往交流交融产生障碍。其二，对雷洞村的调查还发现：一是经济条件制约了一些村民的新媒介使用能力。一些经济条件相对较差的地区无法承担新媒体设备的购买和维护成本，从而限制了他们使用新媒体的能力。这使得他们在多民族文化交流中处于被动地位，难以有效地传播自己的声音和文化。二是村民受教育程度成为新媒介使用能力差异的重要因素。在雷洞村受教育程度低的人群往往缺乏必要的新媒介知识，导致他们对其使用能力很低，以至于无法充分利用它们进行文化交流和传播。这种新媒介使用能力的差异不仅影响了他们自身的发展，也限制了多民族间以文化为媒介进行交往交流交融的深度和广度。

第二章　贵州农村地区受众媒介素养现状的量化研究

第一节　关于大众媒介的受众

一、贵州农村地区受众媒介素养现状调查

贵州是一个具有 18 个世居民族、56 个民族的省份。依据 2019 年末 2020 年初的数据，全省常住总人口为 3622.95 人，其中城镇常住人口 1775.97 人，乡村人口 1846.98 人，城乡人口比例接近 1∶1。多民族的省情决定了维护各民族团结的重要性和必要性，因此在建立贵州民族团结创建与大众媒介关联性的基础上，贵州农村地区受众的媒介素养状况如何成为我们接续关注的问题。

2020 年 4 月到 6 月，我们开展了一次以“贵州农村地区受众媒介素养”为主题的调查活动。本次调查，面向所选四个田野点的受众，随机发放调查问卷，调研对象涵盖不同民族，共发放问卷 800 份，回收有效问卷 745 份。调查采取统一问卷、随机抽样的方法，并由被调查者现场填写。

此次调查呈现如下特点：首先，对贵州所选地区受众的媒介素养现状进行调查，近年来尚未曾有①；其次，本次参与调查者均为土生土长本地人，比较了解自己所在区域的具体情况，易得到可靠数据；最后，本次主

---

① 仅有的相似文献：《少数民族聚居区网络媒介使用现状调研报告——以贵州紫云苗族布依族自治县大坡村为例》《贵州省仡佬族高中生媒介素养教育实践研究》等。

要参与调查者是传媒学院学生，对于调查研究有过一定的训练，调查结果的可靠性有一定保证。由此不仅可获得较为客观的调查结果和相对科学的调查数据，且能从主客观两方面较为全面地反映所调查内容。

同时，此次调查尚有一定的局限性。无论从参与调查的人数、发放问卷的数量，还是调查的广度与深度来说都还远远不够。而且，由于此次调查面向贵州全省，也由于经费、时间等客观条件的限制，调查样本的选取尚待增加，因此，该调查所得结论为探讨性，尚待进一步调查论证。

二、问卷分析

（一）家庭拥有媒介情况和媒介接触动机

1. 农村受众利用媒介度过业余时间情况

为了了解贵州农村受众利用大众媒介度过闲暇时间情况而特设置此问题。调查结果显示：影响农村受众媒介使用偏好的因素是多元的，经济条件和教育程度则是关键性的，年龄因素亦极其重要，青年群体（16-30岁）使用手机和网络解决问题或进行游戏娱乐的能力普遍较强，电视的受众群体则多为50岁以上的老年人和受教育程度较低的群体，占65%，而30到40岁的中年人则介于以上两种群体之间，使用电视等传统媒体和使用手机等新媒体的时间较为平衡。更有23.3%的被调查者通过看书来打发业余时间，2%通过听广播和92%的人通过使用手机，仅有1%的人没有将时间消磨在使用大众媒介上。因此可以说，使用大众媒介成为贵州农村地区受众度过其业余时间的主要方式，那么，对于大众媒体已经进入其现实生活的贵州农村地区受众来说，大众媒介究竟又为他们带来怎样的影响呢？

2. 贵州农村受众的大众媒介拥有情况

调查结果显示，贵州农村受众的电视普及率高达98.5%，手机的个人拥有率亦达98.4%，网络也已实现全覆盖。这样的结果意味着研究区域内的乡村已经基本实现了新媒体使用和接触的硬件条件。其中，收听广播的受众仅占2%。这一结果表明：快速发展的其他媒体取代了广播对信息的传递。

3. 贵州农村受众大众媒介接触动机分析

调查结果显示，56%的受众使用大众媒介的目的是了解社会信息等，39%的受众通过大众媒介实现娱乐放松的目的，包括与家人的沟通交流。大约26.8%的受众纯粹用来消磨时间，并没有更多外延性的发展。

分析：选择“了解社会”的占据56%，远超“寻求娱乐或刺激”选项（39%）17个百分点，说明贵州农村受众尽管普遍受教育程度不高，但其媒介运用目的已不仅限于娱乐消遣，而是有着通过大众媒介来改变自身生活，尤其是寻找工作机会，增加经济收入的强烈愿望，通过39%的人选择“了解发家致富的信息”这一项更能说明这一点。对于此种渴求，作为信息的主要输出方的大众传播机构应如何予以满足，政府又该进行怎样的政策配合，以及受众本人又应拥有怎样的媒介素养，从而达成该种渴望目标的实现，此问题亦正是本研究力图要解决的。

（二）大众媒介使用情况

分为报纸杂志类、广播媒介类、电视媒介类、电脑媒介类、手机媒介类五大类进行提问。

1. 报纸杂志类

报纸自从诞生以来，一直都是世界新闻传播史上的老大。其传播信息、提供交流、服务、娱乐的功能为人们的生活带来了巨大方便。报纸不受时间限制地随时可以阅读，人们通过阅读汲取讯息，保存时间长、便于查阅等优点使得它具有自身的媒体优势。尽管如此，随着传媒业的快速发展，自媒体和电子媒介时代的到来，调查显示，贵州农村地区受众大多摒弃了纸质媒介而与时俱进地使用电子媒介，从而使得当前报纸在贵州农村地区处于相对缺失状态，仅有2%的家庭长期订阅报纸，98%的家庭没有过买报。经常看报的农民也多是浏览本地区官方网站上的电子报纸。纸质媒介杂志的订阅情况相同，没有订阅杂志的则占据大多数，杂志与报纸一样在贵州农村地区处于缺失状态。

2. 广播媒介类

在人们的观念中，传统的贵州农村广播事业依然发达，因而在媒介中占据重要位置，然而这样的假设是否符合媒介发展的现实？带着这样的问题贵州地区民众的广播行为接触成为我们调查的对象。

（1）收音机的家庭普及率。

在被调查的家庭中有26.5%的家庭拥有收音机，但其使用率很低。

（2）家人听收音机情况。

没有收音机的家庭，大多数选择了“从来不听”，而有收音机的家庭则大多数选择了“偶尔听”。收听内容依次为：社会新闻、曲艺、科技知识、国家政策和其他。

曾经的广播媒体因其购买和安装费用低廉且具有唯一陪伴性特点而在农村地区发展中起到过极其重要的作用。今天，我们从上述调查数据可以看出，这个集信息传播、娱乐消遣于一体的、曾经超过80%家庭拥有率的大众媒介，像在所有其他地区的情况一样，在贵州农村地区也呈现全面萎缩的状况。媒体融合和数字化已使广播内容以一种新的形式在网络呈现。

3. 电视媒介类

尽管手机媒介毋庸置疑同样是乡村最流行的大众媒介，但电视作为家庭休闲娱乐重要工具在如今富裕了的乡村社会同样是几乎家家必备。它以覆盖面广、传播信息速度快以及亲和力和现场感强、人性化等其自身特点吸引受众，从而成为受众家庭生活的不可或缺的组成部分。

因被访问家庭99.2%的电视拥有率，调查问题便侧重于贵州农村受众的电视接触时间等。

（1）贵州农村受众的收视情况。

每天晚饭后，电视机便成为乡村受众的陪伴，电视机或黑白或彩色的画面与声音给他们单调的生活平添一抹色彩。尤其是农忙后，对村民们来说，收看电视节目更是村民们消磨时光的休闲活动之一。每天看电视一到三个小时以上的村民在51%，三小时以上的在34.7%，一个小时以内的在14.3%。

（2）电视节目套数。

在调查问卷中，30套以下电视节目的家庭仅有14.3%，30套以上的家庭占85.7%。

（3）所看电视内容。

按照频率依次是：影视剧类，音乐曲艺类，社会新闻类，综艺节目类，科技知识类，其他。

4. 电脑媒介类

随着时代的发展，贵州农村受众的电脑拥有率也逐渐提高，电脑多由在校学生使用，现今的农村受众对网络的接触和使用多是通过手机网络实现的，且还停留在以休闲娱乐为主的浅层次阶段，远没有实现城市居民的互联网媒介化生活。

5. 手机媒介类

由于上网和时尚理念结合，上网内容和应用功能丰富，我国手机上网用户逐年递增，手机网民人数增长迅猛。此种情况在贵州民族地区的调查结果如下。

（1）手机覆盖率。

此次调查显示，贵州农村受众手机的家庭拥有率达到了100%。足见手机使用的普遍性。

（2）是否用手机上网。

手机的上网率达到了95%。

（3）是否用手机看过电视。

用手机看过电视的比率高达96%，由此足见手机媒体的受欢迎程度和它的便捷性。

6. 针对民族团结进步创建活动的问题调查结果

（1）对民族团结进步工程的关注情况。

关注过的占24.5%，根本没听说的占10%，关注一点的占57%，完全没有关注的占8%。

（2）关注民族团结进步创建活动的途径。

依次是通过电视，占40%；通过网络，占38%；通过手机，占34%；通过广播，占15%；通过报纸，占5%。

分析：民族团结进步创建活动已为贵州农村地区受众所知，其途径是通过大众媒介。

7. 关于大众媒介对农村受众日常生活影响度的调查结果

（1）大众媒介影响程度。

有一定影响的占65%，影响很大的占31%，影响很小的占4%。

（2）影响最大的媒体。

依次是：手机68.6%，电视23.2%，电脑网络12%。因此，手机及其网络功能运用对农村受众日常生活影响度最高。

第二节 贵州农村地区受众媒介素养调查结果

一、贵州农村受众媒介素养的总体特征

通过以上对问卷的具体分析，我们看到了贵州农村受众媒介素养情况的总体特征。

（一）媒介使用的形态、数量、技术、环境已融于新媒介

新媒体时代，贵州民族地区的媒介形态也因文字、图片、图像、声音等多种传播元素的存在而呈现出多样性。随着各种媒介的不断涌现，数字化的报纸、杂志、广播电台、电视频道、电脑以及手机网络等也使得媒介数量急剧膨胀。数字、网络、多媒体以及融媒体等媒介技术的迅速演变发展，特别是借助于网络互动平台，公众通过留言、点赞等方式，拥有了前所未有的表达权。

（二）电视、电脑和手机网络极具影响力，广播、报纸和杂志已基本电子化

调查中，关于“对您影响最大的媒介”，填写比率依次是：手机28.6%、电视23.2%，网络22%。同时，这些媒介在贵州农村地区的拥有率相当高，手机的拥有率和上网率都达到了100%，电视的拥有率占99.2%，所看电视套数在30套以上的占85.7%；调查中49%的电脑拥有率，其中上网率却达到71%。由此显示，贵州地区农村受众在拥有硬件知识的同时，还需要政府、媒介机构加大对于大众媒介“软知识”的安排、设置和投入，以推动民族团结进步创建活动的开展，促进贵州民族地区全面发展。与此种情况形成鲜明对比的是，广播、报纸和杂志的影响力则较低，这是民族团结进步创建中有待加强的媒介工具。

（三）媒介素养教育的重要性和紧迫性凸显

大众传播在贵州民族地区进行信息传递显现了独特的优势。大众媒介尤其是电视、手机在贵州民族地区的拥有比率颇高，几乎达到100%，并且96%的人认为大众媒介对自身生活产生了重要影响。因此应以政府为主导，引导贵州地区农村受众利用大众媒介获取实用信息，充分体现现代传媒在民族地区经济发展中的“提振”作用和民族团结进步创建活动中的影响作用。在前面部分我们知道，民族团结进步创建活动的总体目标有以下方面：推进党和国家民族政策的贯彻落实，促进贵州农村地区经济社会的发展，维护民族团结、社会稳定和国家统一等。调查亦显示，56%的贵州农村地区群众使用大众媒介目的是要了解社会，因此，只有尽快提高贵州农村地区受众的媒介素养才可达成此目的。

二、贵州农村受众媒介素养中存在的问题

在对贵州农村受众媒介素养的调查中，我们还发现存在以下问题。

（一）贵州农村受众媒介素养缺失

媒介素养缺失的情况表现在以下方面：其一，媒介使用能力较低，只能完成基本的娱乐休闲、接收信息通知以及简单查找或接收打工信息，不擅于用媒介进行信息搜索，更毋庸谈论观点发表了。关于这一点，设计了一个问题“你是否在网上发过帖子”，调查发现，只有34.6%的人曾经在网上发帖。尽管如此，让人欣喜的是对于官方微博还是有一定的关注者，这从“你和家人经常浏览的网站是哪些”中29%是官方微博中体现出来。其二，媒介认知不全面、不系统、不深入，仅有的认知主要停留在媒体的功能与作用层面，且多表面化，未能内化。

（二）数字沟导致知识沟和媒介素养差距的存在

贵州民族地区居民的媒介素养虽然趋向媒介整体发展趋势，但在经济发展、信息传播等方面仍较落后，如果不重视对媒介素养的进一步提升而导致“知识鸿沟”的扩大，如此，贵州农村地区将无法面对源于信息社会

的信息竞争压力且无法改变现有的信息落后局面。因此，在整个国家媒介素养教育全局中构建21世纪贵州农村受众媒介素养教育愿景是重中之重。

（三）媒介尤其是新媒介的使用能力培养亟待持续展开

目前，贵州农村地区的大众传播已形成以党的报纸、杂志、人民广播电台和电视台为主，都市报、文化服务类杂志及广播电视系列台为辅的传播体系。在传播总体思路上确定了国家对于农村地区经济建设、文化建设、社会稳定以及民族团结的全局观念；同时也从现实的需要出发，兼及实用性、经济性的信息传播。“村村通广播电视”和“户户通宽带”的实现，贵州农村地区的传播事业发展飞速。调查中85.7%的受众30套以上节目的收看便是其成效的体现之一。尽管调查显示贵州农村受众的电脑、电视、手机媒体等“硬件”设备拥有率不低，但媒介素养的提升不是仅仅有这些就可以的，还要有媒介尤其是新媒介的使用能力培养工作的持续展开。

（四）融媒体环境下存在相关“软件”问题

其一，贵州农村受众的社会交往因网络媒体的介入而使得对象和范围扩大，但在促进受众与外部世界互动方面的作用亟须加强。

虽然社交媒体作为新型社交工具同样为农村受众提供了较多的可能性，如有助于结识新朋友等。但在实际生活中，每个人拥有的微信群少于5个，且多是熟人群。近乎一半的被调查者认为，借助于社交软件，自己失联的老朋友得以联系。另有一半的被调查者认为，新媒体帮助他们密切了亲人之间的关系。由此可见，新型网络媒体在促进农村受众社会交往方面，更倾向于加深熟人间的已有关系。

同时，调查还发现，农村受众最频繁的交往对象是邻居，他们更愿意与邻居一起进行诸如吃饭、打牌、看电视等社交和娱乐活动，由此说明地缘关系在农村受众心目中的重要。但农村受众熟人关系圈的拓展也是有其可能的，因为调查发现，一些农村受众拥有同学群的比例明显高于老乡群，这一点说明了因求学而产生的熟人关系在这些农村受众心目中占有着更加重要的位置。由此可以想见：农村受众有可能突破以地缘关系为核心的传统，从而建立包括地缘、亲缘、业缘、学缘在内的丰富关系群，使得熟人关系圈得以拓宽。

此外，农村受众对于朋友圈的朋友背景、状况、爱好等认识不清，只是在乎这些朋友分别来自不同职业和社会阶层。

其二，农村受众在社交软件中的交往仍以礼节性的理性表达为主，网络媒体在助其实现交往关系由浅入深增进方面作用甚微。

调查数据显示，农村受众的交往仍以礼节仪式性的交往为主，包括聊天、节日问候、因帮忙而联系、平时问候等。工作中的交往频繁情况依次是要工作协作、工作聊天、讨论工作等，深入表达自己想法的则很少。

朋友圈点赞和投票的原因主要是因为“赞同对方的看法” 和 “对方是我的朋友并提出请求” 等。投票原因则同样如此。尽管如此，表达认同的动机略强于关系因素。但在微博和微信熟人圈的情况则有所不同，远超一半的人表示从不在微信或微博上转发或者评论陌生人的微博或微信。由此可见，农村受众尚未习惯于在陌生人空间进行公开自我表达。

其三，农村受众对新媒介的接触和使用仅停留在简单功能，未形成深度使用习惯。

调查显示，农村受众的电视和手机网络使用率仍然很高。电视和手机网络视频的收看频率都很高这一点说明二者有不同的媒介功能。看电视某种程度上可以被看作是一种社交行为，在家人与朋友围坐一起对电视剧目的有意无意欣赏中，伴随着生活聊天、剧目内容评价，亲情与友情得以不断增进，因此看电视成为一种重要的社交途径；而手机网络视频的观看往往是一个人进行，主要用以满足个人获取信息和休闲娱乐的需要。另外，手机网络视频与电视之间可以实现在节目内容和形式上的互补，内容丰富的手机短视频平台满足了传统电视节目所不能满足的受众需求。

相对于城市居民的网络化生活，代表着网络媒体深度使用的网络购物、网络交友、知识付费等生活方式在贵州农村地区尚不普遍，尤其是在中年以上的群体中。

其四，农村受众的媒介使用动机强烈，但多元需求较难实现，仅有简单的碎片化学习和简单功能运用。

调查发现，虽然农村受众使用媒介的动机比较强烈，无论是为了了解信息知识还是认识世界，抑或是为了社交分享、娱乐休闲等，一半以上的农村受众都有此愿望，但实际却并未真正达成所愿。农村受众的媒介信息需求并未因内容契合而得以满足。在城市兴盛的知识消费，在贵州农村地区并未有消费意识。农村受众虽有通过媒体学习新知识的渴望，但却很少真正从媒体接触到正规、科学、系统的知识，在简单好操作和内容搞笑猎奇的短视频 App 吸引之下，反倒学到不少碎片化知识。

可见，轻松易懂、形式活泼好玩的知识学习方式是农村受众喜闻乐见的，系统性、科学性的知识消费不易为农村受众所接触和接受。同时，农村受众通过短视频平台接触到伪科学、谣言、软广告等内容的巨大风险是显而易见的，这些内容很可能会对受众产生误导。

其五，贵州地区提供媒介信息的公共设施建设已相对完善，但使用效率有待提高。

进入融媒体时代以后，贵州传播公共信息的媒介设施、公共数字文化服务逐步建立并不断完善，但真正使用者寥寥无几。虽然近年来贵州政府在农村文化建设方面投入巨大，但调动村民的参与积极性来充分使用这些硬件设施尚须进一步研究。

就受众个人而言，虽然收音机广播不再是主要媒体，但由政府提供设备和内容的“村村响”公共广播项目已作为紧急情况下的公共传播装置在贵州农村地区推广，在乡村传播场域中，裂变了“广播”的媒介形态，但这种公共广播设备能否真正深入人心，能否成为村民认可的媒介，尚不得而知。

另外，贵州农村地区原本通过组织传播和人际传播实现的政务传播正在走向新媒体下的大众传播。虽然贵州农村受众会参与“乡村政务群”，但参与情况各不相同。参与度比较高的地区，几乎所有拥有手机的成年村民（除少数老年人）都会加入，由此相关政务信息可通过政务微信群而传达给村民，从而提高了政务工作效率。但贵州农村地区受众通过大众媒介的政务参与度依然亟需大大提升。

第三节　贵州农村地区受众媒介素养现状的成因

在国家一系列政策支持帮助下，“村村通电话，户户能上网”已是贵州农村地区同于全国其他地区的普遍场景，和全国大多数地方一样，以智能手机为主的大众媒介也已成为贵州农村地区受众的日常必备。然而，从上面的调查结果我们可以看到：这些农村受众的媒介使用能力、信息理解和利用能力以及信息参与度并不高，这在贵州农村受众中还比较普遍，面对国家科技创新和乡村振兴的时代召唤，农村地区受众的媒介素养状况将成为影响农村发展、农业增收、农民创收的一个重要因素，因此，造成目前媒介使用素养教育普遍不高的原因有必要进一步挖掘。

一、农村受众自身因素的影响

在当前的信息化和社会转型时代背景下，信息化水平高低成为社会阶层分化加深的因素之一，贵州农村的信息化建设在硬件方面已经比较完善，但农村受众较高水平的媒介素养等软件方面的提升才能为农村地区发展带来真正的实质意义。作为农村发展建设的主力军，贵州农村受众的信息化能力成为地区发展的重要影响因素之一。而农村受众的经济、文化等因素制约在调查结果中也已显见。

（一）经济收入制约

学者赵晓春曾说："农村经济发展落后，在某种程度上制约了农村受众接近媒介的权利，媒介在发展之初，农村受众的经济现状制约着受众与媒介的接触的机会，而媒介占有量与媒介接触率的多少又与农村受众的媒介素养有着很大关系，因此只有媒介硬件设施的完备，受众接触较为稳定，农村受众的媒介素养提升也才能成为一种可能。"①

尽管城镇化率的提升，乡村振兴战略以及农村受众普遍外出务工等因素均成为农村经济收入提升的促进因素，使得贵州农村大部分家庭的经济收入得以大幅提升，从脱贫迈向小康，但在调查中发现，一般家庭的家庭开支大都占到收入的90%以上，在最新高端媒介购置上的开支比较谨慎，陈旧的大众媒介会影响受众对媒介的接触体验和稳定性，从而影响其大众媒介素养提升。

---

① 赵晓春. 农业传播学［M］. 北京：北京广播学院出版社，2005：38.

（二）受教育程度制约

对贵州农村受众的调查结果显示：作为整体受教育程度较低的地区，贵州的小学及以下的农村受众占比28.3%，受过初等教育的人数占比48.3%，受过高中教育的占22.9%，拥有大学及以上教育程度的占比更低，仅为1.7%。因而，不高的文化层次结构给贵州农村地区受众的判断能力和社会价值观带来不良影响，对于媒介所传达的信息，贵州农村地区受众在使用、参与和运用上也会表现出极大程度的不平衡。另外，农村受众较低的文化水平还会带来媒介信息接触的障碍，即畏难心理，这种情况也非常不利于受众媒介素养的进一步提升。

媒体选择方面，电视的视听结合的特点使得文化水平不高的农村受众也可以较为轻松地了解到传播内容，故而电视的流行仅次手机。广播、报纸、杂志和网络的极低接触率则很大程度受制于较低的受教育水平。

媒介内容选择方面，娱乐和爱好是诸多农村受众选择信息内容的第一出发点，尽管如此，在选择有利于发展自己、提升自己信息方面的意识并不强；从对外出打工人群的访谈中发现，这个群体所选择的媒介信息内容限于如下四个方面：其一，通过媒介娱乐消磨打工的空余时间；其二，联系家人朋友；其三，关注村组所发通知信息；其四，简单的招工信息渠道。很多农村受众尚不知道基本的信息搜索渠道，由文化水平限制所带来的信息鸿沟制约着农村受众的媒介接触与使用，也正因此使得他们并不能真正通过媒介接收到现代化的信息，尽管不少人都有接触和进一步学习的兴趣。

（三）媒介接触程度制约

《传统社会的消失——中东的现代化》是美国著名传播学者丹尼尔·勒纳的一部关于传播与国家发展的名作，勒纳在该书中表述了这样的观点：媒介对国家现代化的推进作用源于大众媒介所具有的大量快速传播信息的能力，因着这种能力，社会成员能够接受到由其所传递来的社会变革等思想，正是拥有了社会变革思想的社会成员使得国家现代化得以推进。因此，媒介的社会发展推动作用是不可忽视的，然而在贵州农村地区这一作用表现得并不十分明显，既与农村受众的经济、文化水平较低有关，更与他们较低的媒介接触程度有关。主要体现在如下四个方面，其一，接触媒介的种类单一；其二，接触媒介的内容单一；其三，接触媒介的动机单一；其四，接触不同种类媒介在时间上不均衡。因此，对诸多信息的了解并不能通过自我来实现，往往还要借助村干部或村中其他“意见领袖”的二次传播。显而易见的是，当前贵州农村受众较低的媒介素养能力影响了他们对外界信息的掌握和理解，尤其是在提高自身文化水平，促进农村产业发展、经济进步方面的作用尚没有明显意识。

二、信息服务体系有待进一步完善

现代传播体系的构建是新时代中国社会发展的需要。思想文化和价值体系在中国乃至世界范围内传播是世界百年未有之大变局下包括农村在内的传播发展的需要。目前，农村地区的信息服务体系尚待进一步完善，以此帮助提振乡村振兴和农村现代化发展。信息科技的注入对于农村农业发展的推动作用是毋庸置疑的。然而，帮助受众进行信息最佳接触则是信息的显性要求，从而带来大众媒介信息在农村生产经营行为中的应用。信息内容一旦开始作用于受众，就会带来受众观念因受启发而得到改变，从而最终由观念转变为实际行动。由此，完善的传播体系以其强大的传播能力来影响当地包括政治、经济、文化等在内的各方面发展。造成受众主动获取信息的能力不足与意识淡漠的另一个原因是信息体系建设的完善度不够。对民族团结进步创建信息传播的重视度有待提高。通过访谈了解到，民族团结进步创建活动的相关信息多出现在时事新闻播报中，关于民族团结进步创建节目的专题栏目在当地的电视节目中出现极少，相关信息在其他媒介中的出现频率也并不高，并且多是报道一些民族团结进步创建中的个别优秀模范人物，真正深入农村地区进行相关报道的内容少之又少，广大农村受众的所思所行常常被忽视。

专题的民族团结进步创建节目是一种分众传播，尤其是针对民族地区的农村，相对于广大城市地区，它的经济回报较低，因此，追求收视率的评价指标应为频道的满意度和观众的忠诚度所替代，以此确保民族团结进步创建节目的特色性和差异性、专业性、实用性，避免媒介资源的浪费。

商业意识主导下的电视媒介，收视率是其重要的媒介经济收益评价指标，民族团结进步创建的公益性和政策传播属性难以受到媒体的主动垂青，因此，本来有着地域空间和心理空间天然优势的媒体，在民族团结进步创建传播中没有展现其应有的优势。

三、传播组织有待进一步完善

有待提升的媒体信息服务队伍。贵州曾是全国最贫困省份的实情，以及前面部分的调查结果都指向贵州拥有较低的普遍受教育程度。针对这种情况，相关传播信息的二次解读十分必要。只有如此，农村受众在真正认识到一些农业生产及经营信息有用的情况下才能够对它们有效运用，并积极使用。贵州农村地区的信息服务体系虽然已经初步建成，基本满足了民族团结进步创建和贵州农村信息化对硬件设施的需求，但相关组织机构尚待进一步发挥作用，真正建设主体尚待进一步形成，稳定高素质的专职民族团结进步创建相关的农村农业信息服务队伍尚待建立。乡镇一级的相关人员因财力不足大都身兼数职，对计算机网络等信息技术应用大都停留在基本操作和业务办理，繁多的业务使得他们只能花费有限的精力用于农村地区的民族团结进步创建工作，因此，传播组织中相关人员的信息系统收集、处理、分析预测等能力还有待进一步培养。

第三编

提升农村地区受众媒介素养之必要性

——大众媒介与贵州农村地区发展

第一章　民族团结进步创建中的大众媒介与贵州农村地区发展

大众媒介与社会发展一直是发展传播学的重要研究领域。发展传播学典型的理论基础是其中的现代化理论。该理论的代表作有勒纳的《传统社会的消失——中东的现代化》，施拉姆的《大众传播媒介与社会发展》，罗杰斯的《创新与扩散研究》。这些作品展示了大众媒介在传统社会向现代社会转变中的重要作用。

中共十九大提出的实施乡村振兴战略决策，坚持农业农村优先发展，旨在实现农村地区产业振兴，人才振兴，文化振兴，生态振兴，组织振兴的基础上，全面建成社会主义现代化强国。因此大众媒介和农村地区的发展研究愈发具有现实意义。

紧接着的中共二十大报告指出“以铸牢中华民族共同体意识为主线”全面推进民族团结进步创建事业，其成果体现在于“政治上更加团结统一”“经济上更加共富共享”“文化上更加创新交融”“社会上更加互嵌共融”“生态文明上更加持续发展”。

那么，面对民族团结进步创建事业的新纲领和乡村振兴的新战略，大众媒介究竟能在其实践中扮演怎样的角色呢？本编将通过参与式观察和深度访谈的研究方法展开研究工作。

第一节　大众媒介与贵州农村地区的民族政策传播

当前，随着网络信息化和媒介社会化的快速推进，作为重要社会组织之一的大众媒介在国家认同建构方面起着日益重要的作用。对于一个国家来说，它建构了一个民族文化共同体。大众媒介不失为增强各民族政治认知和国家认同意识的一条有效路径，在民族团结进步创建工作中，它主要体现在通过大众媒介传播相关政策信息。

具体来说，政府为实现管理需要政策信息的有效传播以最终达至基层村民；村民则通过对国家政策信息的了解来维护和保障自身权益。而村民对民族团结进步创建活动的参与与否、基层组织治理方针和效果如何都得益于群众对民族政策信息把握程度。群众意见的广泛收集奠定了政策科学制订的基础，而有效的信息传播则成为全面贯彻政策的需要；进行民族团结进步创建活动参与的前提是国家政策被传播与被受众了解，现代大众媒介成为政府政策上传下达的桥梁，为国家实施有效治理，受众参与民族团结进步创建提供了条件。

依据拉斯韦尔的传播理论，一个传播过程包含五大要素：传播者（who）、传播信息（say what）、传播媒介（in which channel）、传播受众（to whom）、传播效果（with what effect）。国家政策传至农村受众便是这样的一个过程和动态系统。

目前贵州农村受众在民族团结进步创建中主要通过两大传播渠道来了解和掌握国家民族政策：一是自上而下的组织传播，从而使下沉到村寨的国家政策再经由人际传播而被村民了解；二是以大众媒介为载体，村民直接通过接触媒介来了解民族政策信息。

民族团结进步示范村的大众媒介应用主要是：来自家庭的数字电视、数字广播，手机、电脑网络等；来自政府的官方工作网站和隶属于县级以上宣传部门的融媒体中心等，另有来自乡村的标语、公告和传单等传统大众媒介。国家政策传播中中央、省、市媒体的作用巨大，呈现全局性和宏观性特点，因此，与农村受众关系最密切的电视媒介和主要进行相关政策宣传的政府网站成为我们介绍调查情况的重点，并以老寨村民族团结创建政策宣传信息的主要来源——玉屏人民政府网、玉屏网和玉屏广播电视台作为案例，同时介绍县设民族团结进步创建机构的代表——普定县创建办的相关调查。另外，政策传播的对象——受众的整体情况，则依据花溪云顶村和龙里走马村的村寨调查。

一、民族团结进步创建中的民族政策传播——玉屏侗族自治县人民政府网和玉屏网

玉屏侗族自治县人民政府网站又叫玉屏公众信息网（www. yuping. gov. cn），配套有新闻资讯 App 微玉屏、玉屏侗族自治县人民政府办公室官方微博、玉屏县政务微博、官方微信公众号以及各乡镇及县直部分部门网站，均由县政府统一组织建设，县人民政府信息管理中心负责日常维护。因此，由政府民宗部门、统战部门和宣传部门共同负责的民族团结进步创建工作的相关政策宣传工作也自然由其对接。

同时，隶属于县委宣传部，由县融媒体中心主管的玉屏网（yp. gov. cn）更是与民族团结进步工作的政策宣传紧密相关。

该网站包括新闻中心、乡镇新闻、玉屏视频、热点专题、图说玉屏、领导信箱、玉屏文艺、玩转玉屏、玉屏数字报、玉屏微生活、曝光台十一大板块。同时拥有秀美玉屏 App、微玉屏微信公众号、微玉屏抖音号、微玉屏快手号、微玉屏视频号、玉屏融媒体抖音号、玉屏发布微博主页等。

为了解玉屏县政府网的基本运作情况，2021 年 1 月 13 日下午，笔者联系了其工作人员小 A。据他介绍，玉屏侗族自治县人民政府网站是县政府的门户网站，它的宗旨是实现政务公开、发布政策信息、进行政务服务（互动交流、网上办事、电子政务）、宣传玉屏形象等。媒体融合之后的网站实现了图像、视频、报刊相融。内容板块的增加使得内容更加丰富，交流的互动性增强，且更关注民生，群众通过电子媒介办理事务，省时省力，方便快捷。政民互动栏目下的书记、县长信箱是对民生问题的特殊关注，百姓可在此进行问题投诉。同时信件受理的满意度调查、民众意见的网上征集、群众问题的相关回应等栏目的建设均反映出政府重视民众意见的管理理念。随着贵州全省脱贫以及教育发展带来的村民文化水平的提升，玉屏县人民政府网站的影响将会越来越大。

二、民族团结进步创建中的民族政策传播——玉屏县委宣传部

玉屏县委宣传部T副部长出生于1976年8月，男性，土家族，中共党员，大专毕业后一直从事办公室基层工作，后调任县委宣传部工作。在政府政策宣传方面，玉屏县积累的经验之一是充分利用节庆和节庆期间举办一些好的活动形式进行宣传。

“最重要的是侗族的‘六月六情歌节’以及每年举办的芦笙文化艺术节等。会将一些地方政策融入艺术表演中进行文化宣传。同时受到各种媒体报道的节会无形中将政策内容广泛宣传。”

对于国家大的宏观政策在农村的宣传贯彻，T副部长认为，“电视影响最大，其次是网络。电视又以中央电视台和贵州电视台作用最大，玉屏本地电视台的主要作用在于播报本地政策和新闻。微玉屏 App、玉屏网的创建加大了传播力度。玉屏网存在手机版、微信版和微博版”。

就调查和访谈结果来看，目前农村地区依然是电视媒介的影响力最大，它不仅覆盖面广、声形并茂，且易于亲友聚集观赏，在增进亲情的同时形成了一个其乐融融的交流沟通相关政策的场域。新媒体技术的要求、文化水平的要求乃至一定经济能力的要求，使得通过网络进行信息了解缺少了电视在农村地区信息知识传播的便捷性和习惯性。

同时，乡村传播往往多级进行，以村干部、党员、寨老以及见多识广的在外村民为代表的“舆论领袖们”往往成为政策的传播者和舆论的引导者，由于他们在村子里的影响，他们的见解和意见往往容易被普通村民接受，通过积极主动地浏览媒体相关信息，他们往往比较了解政策信息，通过他们，次级传播易于取得成功。

三、民族团结进步创建中的民族政策传播——玉屏广播电视台（玉屏融媒体中心）

依据中国“四级”办台的新闻传播机制，县级台成为其中最基层的传媒单位。县级融媒体中心负责国家和省市级政府相关政策的上传下达。与

玉屏广播电视局合并的玉屏融媒体中心同为县委宣传部统管。玉屏融媒体中心自2019年2月1日成立以来，全力打造新型媒体传播矩阵，巩固县级媒体舆论阵地，构建了“一体策划、一次采集、多种生成、多元发布、一端汇聚”的融合发展体系，实现采访力量100%迁入融媒体中心，宣传效果明显提升。融媒体中心现有记者部、演播厅、专题节目制作部、剪辑室等各功能区。

（一）农村收视情况

本着新闻、政务、服务的原则，媒体融合之下的电视内容上连省市，下联乡村通讯员，有12000多个有线收视用户。随着广播电视网络一体化的玉屏电视台覆盖全县乡村，传播范围与效果亦大幅提升。玉屏县电视台虽然已经意识到提供有助于农村社会发展信息的重要性，但相关农村地区发展、乡村振兴、“三农”服务的节目制作依然有待加强和增多。但在上级政府对增强民生服务能力的要求下，融媒体中心计划充分发挥传播优势和创新优势，做好便民服务、民情民意表达。

（二）民族政策宣传中的政府作为

目前，国家宏观政策的宣传主阵地依然是中央电视台，地方政府政策的宣传主要在地方电台。媒体融合后，通过微玉屏，玉屏网等，一部手机在手便可满足百姓的信息需求，且声图并茂，报纸、广播、视频融合，百姓均可以自己乐于接受的方式获得相关政策信息。融合以后的媒介信息可以上通省市、下接乡村，快速方便的信息传播加以受众各取所需的媒介形式，民族团结进步活动创建工作及相关政策引导将会有效加强。

（三）农村受众的政策信息收看效果

老一辈的贵州人普遍文化水平不高，老年人大部分听不懂汉语，通过电视了解国家政策的效果不一定好。但侗语广播、侗语新闻播报、公众号或抖音里的侗语视频播放均可起到补充作用。

舆论监督情况。随着电子媒介时代的到来，就广义而言的社会舆论监督可通过网站体现，不管是玉屏县人民政府网站还是玉屏网都有专门的板块用于群众反映问题。如玉屏网的曝光台、领导信箱、互联网违法和不良信息举报窗口等；玉屏县人民政府则有 12388 网络举报平台，县委组织部的 12380 举报平台，以及政府民众互动板块的信件受理、网上征集、回应关切等内容。依信件受理情况看，全年 192 封信件，已办 190 封，在办 2 封，群众满意度 90%。但就狭义来说，媒体的舆论监督功能的实施在县级这样的熟人社会还是有一定的困难，但媒体舆论监督工作不能松懈，特别敏感问题可以以内参的方式上传县委、县政府。

玉屏电视台在迎来媒体融合模式以后，未来工作重点依然是深入百姓，服务民生，做好百姓的信息服务，相信做起来并非容易之事。目前县电视台 16 频道播放玉屏广播电视台节目，201 新闻荟萃频道播放《玉屏新闻》节目。

通过对玉屏融媒体中心的了解，可以感受到，贵州农村地区的发展离不开新的信息的传播，尤其是大众媒介所带来的对农村受众切身利益相关政策信息。地方媒体要做好农村服务亦须不断实践探索，大众媒介要力求真正反映民众呼声，而非仅仅停留于一般的政策传递和典型人物宣传。

四、民族团结进步创建中的民族政策传播——普定县创建办

民族团结进步创建的实施机构与大众媒介的关系情况调查点，我们选取了田野点猫洞村的管理机构普定县创建办，我们先就“县里是怎样将国家政策从县里贯彻下去”“县里自订的政策如何向乡村传播”两个问题采访了工作人员小 L，他的回答如下：

国家政策向县域传达，传统的方式是纸质的文件、通知或电话、短信等。但社交媒体时代，多使用微信群、微博、钉钉群、QQ 群、网络会议、会议直播等方式，文件或通知也以电子版形式下发。电子政务的实现，使农村受众对媒介的使用能力逐步提高，县级政策文件下至乡村，通过 QQ 群、微信群下达也成为重要的工作方式，网络会议则使用很少。由于一些侗族村民既不识字又听不懂普通话，因而县乡村一级的侗语广播就发挥了无以替代的重要作用。同时，对农村地区的政策传达，还因地制宜地采用侗戏等百姓喜闻乐见的方式传播。另外，县里向村里传达会议还会以传统的开会和发文件的方式进行，县里召集各乡镇派代表参加，玉屏共有 6 个乡镇。政策下至村里，主要通过在鼓楼的人际传播，或者在村里公告栏张

贴文件以供大家阅读了解。

紧接着，就普定县民族团结进步创建标准问题，小 L 给出了如下回答：普定县严格按照示范创建“七个一”（1 幅主题标语、1 个宣传专栏、1 份讲解词、1 名讲解员、1 部短视频或 PPT、1 份工作总结、1 套创建资料）的要求，对市、县 6 个示范点进行重点打造，确保资金到位，人员到位，工作到位，示范创建取得实效。

另外，就普定县民族团结进步创建的方向目标问题，小 L 给出的回答是：就促进少数民族和民族地区经济社会发展来说，经济持续健康发展，基础设施不断完善，人民生活不断改善。就维护民族团结、社会稳定和国家统一问题，要加强民族团结教育，创新社会治理方式。就依法妥善处理影响民族团结的问题，要积极应对，妥善处置。就认真贯彻落实党和国家民族政策问题，要高度重视民族工作，深入开展创建活动。

五、民族团结进步创建中的民族政策传播——村民对大众媒介的使用

1949 年以来，组织传播在很长时间内是农民获取政策信息的主要渠道，但是 70 多年后的今天，由于广播电视乃至手机电脑网络媒体的发展，农民获取政策信息的主要渠道为媒介传播所取代。但现实情况是，讲究人情面子的乡土中国社会，不管大众传播如何兴盛，组织传播如何式微，人际传播对于政策传递具有不可取代的作用。

以政府和官方主流媒体呈现的大众媒介，进行政策信息传播时，先是直接传达中央和地方政策，再是通过实践，以典型示范带动来推动政策深入执行。同样的国家宏观政策，不同地区的政策执行效果却会有所不同。由花溪云顶村和龙里走马村的调查足以显见。

（一）信息接收方式

通过选项为“广播、电视、手机网络、电脑网络、其他”的问题“您了解国家政策的途径是哪些?”和选项是“广播、电视、手机网络、电脑网络、村干部、村公告”的问题“您是如何了解村里推行的养老保险制度的?”两个问题所进行的问卷和访谈，对农村受众接受国家政策信息主要

方式进行了解，结果发现，两个村子的政策信息了解途径一致。主选均是电视，其次是手机。通过亲朋好友获取信息的比例不高，说明被调查者具有独立获取信息的能力。在纸质报纸已为电子报纸取代的今天，广播在农村地区依然有其市场，尤其是使用民族语言的地区，对一些既不识字又不懂普通话的村民来说，对政策信息的了知，民族语言或民汉双语的乡村广播成为主要的工具。

关于养老保险制度的问题，两个村子获取信息的方式则有所不同。区别主要是走马村有 6 个村民是通过村里大喇叭广播了知的，云顶村因无大喇叭广播而无人通过此渠道获取信息。同时，两村除具有以电视为主要渠道获取该信息的共性外，走马村更显示了人际传播和乡村公告栏的传播力量。

（二）大众媒介使用之数字电视、电脑网络、手机网络

如果说电脑网络一定程度地考验使用者的技术能力和文化程度的话，那么自 21 世纪以来手机网络的使用，使得手机与电视并驾齐驱地成为贵州农村地区受众获取国家政策信息的主要渠道。对于年轻人而言，因不常看电视，手机成为他们获取信息的主要渠道。

（三）大众媒介使用之录像光碟

传播实践表明，适应传播心理的信息将获得有效传播，且易为受众所关注和接受，同样地，国家政策在农村地区的传播，受众的文化心理对政策传播影响巨大。

走马村的七夕情歌节是布依族隆重的传统节日，整个活动以布依语进行。歌会表演的特色之一是，在歌会中顺应受众心理地穿插民族团结创建的政策宣传，此时的民族政策传播更契合受众心理，这样就使得他们易于接受且乐于接受。歌会之后，所表演内容或者录制成光盘，或者上传至网络，在抖音、快手、好看视频等 App 上便可以观看这些侗歌节目了。

小结：调查发现，现今乡村振兴战略实施之后的贵州农村地区已完全脱贫，电视、手机网络、电脑网络已经普及，中青年村民对手机使用已比较熟练，通过网络浏览查询到相关自身利益的国家政策已非难事。各级政府机构也对媒介运用进行了有益探索，实践了契合心理的传播方式，形成

了富有特色的节庆传播习惯。对于农村受众来说，大众媒介的熟练运用让他们了解了来自中央和省市级政府的政策信息，但要对政策信息进行具体详细深入地了解，还须要进一步地通过来自地方政府的组织传播和来自村寨的人际传播予以完成。就民族团结进步创建活动而言，农村受众了解的相关信息越多，则越有利于他们对活动的参与和其自身利益的实现。

第二节　民族团结进步创建中的大众媒介与贵州农村地区经济文化发展

在构成社会的经济、政治和文化三者中，决定着政治和文化的是经济，它是二者的基础，而政治、文化二者又会反作用于经济。要发挥大众媒介在贵州农村地区现代政治文化建设中的积极作用，需要从村寨经济工作建设这一基础和前提出发，充分发挥大众媒介的能动的反作用力。

一、大众媒介与贵州农村地区的经济发展

中外学者的研究均证明了一点，即大众媒介与地区经济发展息息相关。在施拉姆对大众传播的政治、经济、社会三个功能的认识中，经济功能的主要体现是：其一，发布信息功能；其二，对信息的解释功能；其三，经济政策的制定发布；其四，对商场的管理；其五，经济行为的开创等。[①] 在施拉姆大众媒介经济功能的思想基础之上，国内学者胡冀青早在20世纪90年代末即对大众传播的经济功能予以阐述，即其生产、分配、交换和消费等功能；学者郭庆光认为：作为知识产业的重要组成部分，大众传播的社会经济功能不可或缺。21世纪，在经济快速发展的中国社会，学者们对大众传播经济功能的体现进行了更深入地研究实证。汪淑娟认为，“传递经济信息、监督市场秩序、刊播商业广告以及构成国民经济的重要组成部分”[②] 是其现代经济功能。姚林青认为，人们对信息依赖程度

---

① （美）施拉姆（W. Schramm），波特（W. E. Porter）. 传播学概论［M］. 陈亮等，译. 北京：新华出版社，1984.

② 汪淑娟. 大众传播经济功能之现状分析［J］. 山西高等学校社会科学学报，2004（11）.

越高，大众媒介的经济功能就越强大。虽然上述学者的研究结论有所不同，但有一点是相同的，那就是大众媒介具有较强的经济功能，且在网络信息化社会其经济功能表现尤为突出，并成为人们进行经济活动的依靠和载体，这样的功能同样体现在与城市发展存在差距的农村地区。

大众媒介对社会经济发展的促进作用体现在不同媒介发展阶段。其一，印刷媒介。印刷媒介的使用是以文字发明为前提。文字发明之前的人类社会，口耳相传是其传递实践经验的一种重要方式，而其局限性也明显存在。随着文字的出现，文字成为记录人类实践活动的固定方式。相比于口耳相传所具有的信息易失真、记录困难、适用范围受限等局限性，文字记录具有超越时空的持久性与可追溯性，促进人类思维发展以及增进经济功能等特点。印刷术的普遍运用，更使文字插上翅膀，以书籍的形式作为大众媒介，在人类社会生活中发挥巨大作用。其二，电子媒介。电子媒介的传播载体是出现于19世纪以后的电报、电话、电影、电视、广播等，电子传播时代的传播效力大大增强，传播范围急剧扩大。广播以其超越空间的及时性为人类提供听觉盛宴；电视则以其形象感和现场感使得人类将万千世界尽收眼底。电子媒介的明显优势为印刷媒介所无法比拟。依据加拿大传播学者马歇尔·麦克卢汉的观点：电子媒介拉近了人与人之间的时空距离，因此变小的世界仿佛就是一个“地球村”。同时，传播媒介又与经济和科技发展之间建立起相辅相成的关系，即：传播媒介的发展促进了经济和科学技术的发展，而经济和科技的发展又不断促进着传播手段和传播媒介的发展。如今的新媒体与数字传播时代，媒介已作为人的延伸存在，不仅是个人难以须臾离开的躯体一份子，更是积极影响现代社会的不可或缺的社会组成部分。在贵州农村地区，大众媒介的发展与普及同样成为地区经济发展的重要环节，它在带给偏远农村地区商品信息的同时，更带来现代化经济观念对村民的潜移默化的影响以及以大众媒介平台上的农产品（直播）销售方式。具体体现在以下方面。

其一，大众传播媒介可以为人们提供各方面的信息，直接促进经济的发展。作为一个国家内的广播电视，国民还可从其传播的信息中掌握到很多经济信息和政府的经济政策，从而选择经济行为方式，改进经营方法，提高经济效益。

其二，大众传播媒介能帮助人们重建生产生活观。在一个缺乏商品经济观念的社会中，通过一定的方式，可帮助人们树立起现代商品经济观念。这种作用按中国传统的说法就是“教化”作用。书籍的教化作用早已为人们所知并自觉地加以运用。教材是一种典型的印刷媒介。这种“教化”有不同的方式，有的通过说理直接向人们灌输某种观念，有的则通过塑造艺术形象让人们在娱乐中潜移默化地得到感染、启迪和教育。电子媒介和数字媒体的方法与印刷媒介基本上相同，只不过是作用于人的感官不同而已。电影、电视、手机作用于眼和耳，广播作用于人耳，等等。通过大众传播媒介向人们灌输商品经济观念，建立起商品经济和价值观，从而带来村民们生产生活方式的转变。外出打工、自我经营、经济作物种植、家电维修、粮食加工等多元经营模式并存于乡村社会，以此也逐渐缩小了城乡之间的经济观念和生活方式的差距。

其三，大众传播媒介带来受众自觉的经济活动需求。大众媒介通过向受众提供形形色色的外界信息，尤其是电子媒介和数字化新媒介的形象、直观、迅捷甚至真人实物的即时传播作用，一则增长了受众知识，二则激发了受众掌握科学技术的学习自觉，三则提升了受众的综合素质，四则对电视机、收录机、网络的消费需求促进了受众从事经济活动的动力和积极性。贵州农村地区电商和直播带货等新媒体营销活动的兴起便是贵州农村受众积极从事经济活动的明证。当人们的综合素质因大众媒介传播得到提高以后，便开始产生对经济活动的自觉要求，由此必然带动贵州农村地区的社会经济发展。

二、大众媒介与贵州农村地区的民族文化传承变迁

依据文化人类学的视角，人类学家格尔茨将文化理解为：“人类编织自己意义的网格”①、“人类借以解释其经历并指导其行动的意义结构，以及社会互动赖以发生的一个有序的意义体系和象征体系”②。而人们则依据这样的象征形式交流、维持和发展与生活有关的知识和对待生活的态度。③

① （美）克利福德·格尔茨. 文化的解释［M］. 韩莉，译. 南京：译林出版社，2014：5.

② （美）克利福德·格尔茨. 文化的解释［M］. 韩莉，译. 南京：译林出版社，2014：144-145.

③ （美）克利福德·格尔茨. 文化的解释［M］. 韩莉，译. 南京：译林出版社，2014：89.

因此，格尔茨眼中的文化是探求意义的解释科学，而非寻求规律的实验科学。另外，格尔茨肯定每一种文化的价值，并支持去探求并理解该文化的意义。由此，他主张运用历史材料对文化现象作深度的诠释。其关键在于要澄清这些事实在当地发生的意义。他认为，人类学者应该通过在田野工作中对异文化的体验和领悟，逐渐地明白他们所处的文化，进而从中体会出新的了解。此外，格尔兹的“地方性知识（Local Knowledge）”概念将原生态的地缘文化抽离出来，以此可以去发现一个个原生态的乡村生活。媒介素养与乡村文化之间关系的探讨便依据上述理论展开。

再者，依据传播学的视角，文化的支撑源于话语建构的意义，这种建构不仅是变化不断的，而且是永不停歇的。通过大众传播媒介，现代社会的话语得以产生，因此，文化存在于传播中，不能外在于传播而成立①。文化与传播共同建构起了整个人类社会，利用大众传播媒介的文化生活模式业已形成。不断创新的媒介技术为文化在空间上的拓展与延续带来无限的可能。贵州乡村社会亦是如此。

对于乡村生活中可感知的、具有物质实体的物态文化因大众媒介而产生的变迁，我们以侗族农村传统民居为例进行介绍；对于由各种社会规范所构成的制度文化，我们以侗族农村独特的款文化为例，介绍大众媒介对款组织的影响；而具有隐蔽性的深层次心态文化，我们则以计生观念的变化作为分析对象。

（一）大众媒介与物态文化的变迁

其一，居住方式都市化。电视、电脑网络、手机网络等现代媒体的运用使得侗族传统民居吊脚楼发生变化。侗族所住吊脚楼多是木质结构的三层小楼，新修吊脚楼的一层已经不再是木质结构，而是改建成方方正正的水泥砖结构，且不少新修房屋已摒弃吊脚楼而建成和城市一样的砖瓦小洋楼。

其二，传统建筑鼓楼的变化。大众传媒主要是广播装配下的鼓楼，随着其形式的变化，功能也相应发生变化。在围着火坑休憩娱乐时，手机这一现代媒介所带来的信息远远超出了传统社会里围绕村寨本身的谈资，在鼓楼这一公共领域，人们可以利用手机媒介所提供的热点信息而一起谈天

① 单波，肖珺．文化冲突与跨文化传播［M］．北京：社会科学文献出版社，2015：80.

说地。大众媒介所带来的外面世界信息，使得农村受众也可以以开阔的视野谈论古今中外，甚或以全球的眼光考虑自己的利益、维护自己的利益。

其三，大众媒介成为闲暇生活的主角。大众媒介到来之前的贵州侗族农村，闲暇生活丰富多彩，讲款、踩堂、讲故事，玩各种各样的游戏。然而随着大众媒介深入乡村，深入百姓生活，电视、网络等便成为村民精神生活的寄托，尤其是手机和电视分别成为不同人群的生活组成，成为他们空闲生活的主导，由此使得乡村闲暇生活单一化。

电视等大众媒介在给贵州乡村百姓带来完全不同的闲暇生活的同时，也以其魔力吸引着农村受众成为消磨时间和娱乐的首选。电视、网络等大众媒介以强势控制村民业余时间，使得他们无暇也无兴趣再继续原有的传统娱乐，从而将人们带入一个由电子媒体所建构的虚幻世界。现代媒介以其华丽外表成为百姓日常生活不可或缺的构成，通过它们的内容传播影响着民众的精神世界，从而带来传统村落的变迁。

（二）大众媒介与心态观念变迁

大众媒介深深影响了当代农村父母对孩子的教养观念。在传媒的影响下，贵州农村的优生优育观念也不断增强，加之子女培养的高费用，从而使得提高生育质量成为一种推力推动农村家庭做出以质代量的生育选择，也让性别成为次要考虑因素。和城市相趋近，贵州农村四世同堂的大家庭已经比较少见，人们的传宗接代观念也发生改变。许多独女家庭对于有没有儿子也表达出了“无所谓”的态度，和上一辈不同的是，不少年轻父母明显已没了头胎一定生男孩的强烈愿望。大众媒介促使年轻一代更关注自身的生存，调查中，就有被调查者非常关注关于“双女户”的国家政策问题。“虽说生男生女都一样，但还是有差别，国家会给予‘双女户’多少扶助金补助呢？国家会不会给上养老保险呢？”显然，实际生活中，生男孩与生女孩对家庭未来影响的不同依然是一个不可漠视的现实问题，农村养老问题得到保障才是村民“养儿防老”“男女平等”观念改变的现实基础和物质保障。调查中还问及孕妇是否愿意打掉女婴的问题。被调查者回答说：打胎很伤身体的。生个女孩会心疼父母，生个不孝顺男孩，老了无家可归都有可能。由此，年轻一代生男生女的观念可见一斑。

（三）大众媒介与制度文化的变迁

大众媒介带来侗族摆古文化传承的变迁。通俗地讲，摆古就是讲故事，是侗族进行传统文化传承的方式之一。一般是老人将流传千古的民间故事讲给孩子听，通过此种特殊方式的社会教育，使孩子们对于作为侗族人适宜的行为和成人的生活经验有所了解，并予以传承。尽管内容丰富的民间故事不少具有积极的意义和内涵，但自从大众媒介成为村民的关注对象和消磨时间的方式之后，不实的电视故事、手机视频占据了青少年的头脑，摆古文化传承由此发生变迁。一个被调查的大学生坦陈：摆古是老人摆给小孩的，长大后就没再听了。有电视、手机，又出去远处读书，回来后就不太听了。

大众媒介带来侗族款文化的变迁。款组织是侗族人的传统民间组织，款约本身相当于侗族的村规民约，法律制度，人类学称之为“习惯法”。传统侗族社会款组织的主事者是由寨老中打主办的款首们。而围绕款组织也有“开款”“讲款”“聚款”等活动。传统上，隆重的讲款活动，先是召集本村款民到鼓楼前，伴随着庄严的仪式，款首或款师将款规款约条条讲给大家听，款师每讲一条，款民要以呼应的方式表示赞同，且一般一年讲款两次。如今，随着公共权力在乡村社会承担管理职责，款首、寨老组织已经被现今的乡村党政组织所替代，即使寨老组织仍有其民间权威，也必须基于国家权力处理村务。款组织的作用范围和作用频率的大大减少，使得一些乡村款组织仅以“老人协会”的方式存在着，有的地方款组织的影响微乎其微，以至于我们在对一名侗族大学生的采访中，她竟然没有听说过款组织。

“讲款”作为历史上侗族社会文化传承方式，传统的讲款活动是款首或款师号召下的一种法律、道德宣讲以及各种知识、技能和经验的传授，以使侗族人有其统一的行为方式和文化规约。现今的讲款活动在一些地方仅成为一种仪式，举办的时间也不固定。在对侗族历史传统和民族文化进行纪念的同时，作为一种丰富文化娱乐和加强内部感情的一种活动存在。讲款活动的式微一方面是国家政权下组织传播的结果，另一方面是电视、手机等大众媒体的内容传播教育替代了讲款这种传统教育内容和方式，大众媒介所提供的学习既形象实用又科学快捷，是传统的现场宣讲的传统知识教育传播方式所无法比拟的。

（四）民族团结进步创建中的农村经济文化发展——村民对大众媒介的使用

“民族”“团结”“进步”“创建”四个部分构成了民族团结进步创建活动的内容。其中，民族进步一方面指经济进步，能够摆脱历史“欠账”和交通不便等原因带来的工业经济发展不利，在国家经济、科技、社会发展的大背景下，发挥旅游特色，进一步开发旅游资源，推动旅游经济发展。另一方面，经济发展之后，深受经济基础决定和影响的文化思想便可得到发展和进一步解放。因此，经济发展也是贵州民族团结进步创建中的重要因素和指标任务，也与农村受众的大众媒介使用和媒介素养息息相关，为此我们采访了一个典型的媒介运用成功案例。

W，女，在当前的普定县猫洞村是占比较少的多方面利用不同大众媒介功能创造经济收入的案例。笔者到她家走访时，她正在自家院子里忙活，多年的茶叶种植让她深切感受到经营茶叶生意的不易，谈到如何将事情做好时，她谈到了她的媒介使用，她说：“电视和手机是我接触比较多的大众媒介，但关键时候还是手机最方便，主要使用它的上网功能，我们用宽带上网，没网的时候用流量。”

下面是她在茶叶经营过程中使用媒介的情况。

其一，通过手机联系采茶工人并发放工资，有助于效率提升。需要采茶的忙碌季节，通过微信视频发布招工信息，老工人则通过手机电话或手机微信联系他们过来做工帮忙。一般来采茶的都是本村或附近村民，特别忙碌的时候，每天采茶的人数少则 200 人左右，多则 500 人左右，工钱一般现采现结，40 元采一斤。“我自己有微信视频号，需要采茶时，我通过微信视频发布招工信息，也通过微信朋友圈或微信群用文字发布招工信息，大家都有微信，看到的人如果想干就会主动联系我，当然我也会主动联系比较熟悉的工人”。W 的最大感触是微信给她的茶叶种植生产和经营帮了大忙。通过微信联络工人，和工人聊天了解情况，加深感情；给工人付工资，发红包或转账都是既方便又省事安全；发布微信视频介绍茶叶的生长情况，引发观众的购买欲；在微信和抖音视频上给茶叶做视频或直播推广，在抖音视频上还附有购买链接，通过这样的链接可以把茶叶销售到全国各地。

其二，通过大众媒介了解茶行业相关信息。天气预报是她关注的资讯之一。了解每天的天气情况是她的一个习惯，但以前是通过电视上的中央和地方台的天气预报来了解，现在手机了解就更方便了，搜索一下就可以了解到一星期内或一天二十四小时的天气情况。当然，未来更长时间内或别的地方天气情况都可以了解到，这样对选择合适的采茶时间很有帮助。“手机上网真太方便了。”这是她发自心底的感慨。茶叶相关的很多情况她都会予以关注。她不仅通过电视浏览来了解更通过手机搜索来查询，她就是通过手机查询到安顺市和普定县联合举办的茶叶技能大赛，然后进行参与的。除了广泛的行业信息浏览，她还加入自己的熟人微信群，去了解一些更加实用可靠的市场信息，熟人之间也方便由此相互帮忙照顾一下各自生意。

其三，利用手机等新媒介进行行业经验交流和茶叶买卖，以较低的信息交流成本完成交易和沟通。之前的茶叶种植户对外进行生产和销售联系主要通过电话，必要时亲自约定地点进行面谈，直到移动互联网在猫洞村普及，网络聊天逐渐成为种植大户谈生意和经验交流的新时尚。W说，最早的茶农们有些会用QQ，现在人们普遍都使用微信进行不用见面的联系了，这样就没有原来那么辛苦和不方便了。

> “我有几个微信好友是茶叶经销商，偶尔通过微信交流一下。新茶下来了，就会和他们沟通一下，然后以一个合适的低价发货给他们。不仅省事而且方便，还省去了中间商以及来回奔波销售的麻烦，成本也节省了。”至于茶商之间的行业经验交流，“我加入了小红书平台的一个群，闲聊之余会加入其中聊天，有时间会进去看看，遇到有疑问的情况也会在群内提问寻求经验和帮助，这样能快速方便地解决问题，不仅成本低，且收获比较大。”

其四，通过大众媒介行业知识传播提升自己全方位专业技能。

良好的茶叶种植、制作和销售除了细心的管理之外，自身专业的知识和技能必不可少，除了随着时间而带来的经验积累，不断地学习提升也很需要。从一个不懂茶却种了茶，然后变成今天的一个成熟茶商，多年的艰辛使她明白不断自我学习提升的重要性，而大众媒介成为她自我提升的一个重要途径。

> 在以前多是看看电视，从中学习点东西。现在有了手机网络，可学习的东西太多了，特别是视频，针对一个问题，一搜索就会出来很多回答解决问题的相关视频，有时候就一个一个看，有时候就重点看，一般问题都可以通过这样的学习解决。所以虽然茶叶行业还是有风险和辛苦，但感觉上好得多，相比以前也轻松很多，不能不说网络的帮助起了很大作用。

贵州农村地区受众的媒介运用能力和素养如果都能如 W 一样娴熟，那么，民族团结进步创建工作的开展和农村受众自我发展的实现以及其长期富裕生活的保持便有了极具推动力的工具。

第二章　贵州乡村能人的媒介素养与民族团结进步创建中的村寨发展

一直以来，“三农”问题都是国计民生的根本性问题。中共十九大以来，乡村振兴战略成为新时期“三农”问题的行动指导纲领。乡村振兴战略作为百年乡土中国的历史赓续，既包含了改革开放四十多年来“三农”工作的光辉历程，又蕴含着新时期中国共产党对“三农”工作方略的重大创新。乡村振兴战略既是促进城乡人民共同富裕的重要举措，又是农业现代化的与时俱进，更是新型城镇化发展模式的发展与深化。乡村振兴战略是乡村建设与乡村探索的历史延续，是对新时期“三农”思想的升华，其实施意义非凡。

改革开放以来，伴随着农村经济改革的深入，村庄社会因人群的资源占有不同而发生自然分层，一些占据社会资源较多的部分村民被认定为“能人”，更多地被吸纳到农村党支部及村委会的领导班子中，成为村庄治理中的新主导者，乡村政治格局由此发生了新的变化。这些具有一定经济实力，会经营、会管理，且熟知新知识、新技术，热衷于乡村事业发展的乡村能人作为乡村振兴的第一资源对乡村治理工作的参与，对乡村社会发展具有重要作用。

第一节　乡村能人的界定

目前，学术界对于“乡村能人”一词尚未作出明确界定，但对它的认识却既深刻又包容。

一种观点认为，乡村能人就是改革开放时期农村社区经济发展中诞生的一批懂经营、善管理，拥有突出能力和成就的人士，学者徐勇在其论文中表达了这样的观点[①]。学者符钢战、韦振煜、黄荣贵则在其论文中将乡村能人界定为“那些在农村组织并开展生产和交易等各种经营活动，以劳动或投资致富的群体”。他们还认为，其一，新农村建设的微观基础是村域经济，而农村能人在村域经济发展中起着关键作用；其二，农民的效仿学习机制和农村能人的先试先行精神和物质条件，把农村能人推到了村域经济发展的领头人地位[②]。

随着乡村能人发展的多元化，对它的概念理解也更加多元。赵晓峰和赵祥云在他们合著的论文中提出，农村合作经济组织发展中的乡村能人具有资源禀赋优势、正式或非正式的权力或权威、丰富的社会资本等，并受到多数村民的尊重[③]。学者施雪梅则认为，农业产业集群发展过程中的乡村能人以为农服务为主，具有一定的经济、技术才能，一定的号召力和感召力[④]。陈诗波和李崇光从资源的角度出发，认为能人是在乡土社会中，既具有经济资源（资本或要素资源），又具有人力资源（经营管理、商业经验等），还具有社会资源（销售领域或政府部门中有良好的社会关系），是一批具有战略思维、合作意识的人[⑤]。学者傅晋华对乡村能人这样界定：“是科技特派员队伍中的新生力量”[⑥]。学者罗家德等人又认为，乡村能人指农村中影响力比较大、在某方面才能出众的人，相比普通村民，他们拥有更多的才能知识、社会经验、声望权威或社会关系[⑦]。学者尹广文和崔月琴认为：农民专业合作组织的发起人也可认为是乡村能人，他们掌握合作社的管理与决策权，对外争取政策和资源，对内联络社员和小农的社会

---

① 徐勇．由能人到法治：中国农村基层治理模式转换——以若干个案为例兼析能人政治现象［J］．华中师范大学学报（哲学社会科学版），1996（4）：1-8.

② 符钢战，韦振煜，黄荣贵．农村能人与农村发展［J］．中国农村经济，2007（3）：38-47.

③ 赵晓峰，赵祥云．农地规模经营与农村社会阶层结构重塑——兼论新型农业经营主体培育的社会学命题［J］．中国农村观察，2016（6）：55-66，85，96.

④ 施雪梅．基于农业产业集群的能人现象研究［J］．经济视角（下），2008（12）：47-49.

⑤ 陈诗波，李崇光．我国农民专业合作组织的“能人效应”解析［J］．学术交流，2008（8）：99-103.

⑥ 傅晋华．乡村能人成为科技特派员队伍的新生力量［J］．创新科技，2011（1）：24-25.

⑦ 罗家德，孙瑜，谢朝霞，等．自组织运作过程中的能人现象［J］．中国社会科学，2013（10）：86-101，206.

关系[①]。学者蓝寿荣、罗静则以法制化的视野，将乡村能人称为：能人权威、乡村法杰、乡村明白人以及新乡贤等。[②] 最后，学者李裕瑞等人通过对乡村能人的概念内涵辨析，提出“乡村能人是指在特定乡村被多数村民认可，具有较强的发展动力、个人能力和社会网络，有志于或正在或已经通过其专长带动乡村发展的人”，并从体制内外、能人产生领域等多个角度进行了类型划分[③]。

由上述研究综述可知，乡村能人一般是由乡村社会中能力、品行、财富等方面较出众的人物构成，他们不仅拥有特定才能、对农村社会有特殊贡献，同时还具有一定的资源优势和对农村事务的较大影响力。然而，就民族居多的贵州农村地区而言，乡村能人又往往同时存在如下不同特点：其一是一定程度地影响农村社会的决策，其二是带领民族地区村民参与相关民族活动，其三是参与影响民族舆论，其四是参与管理民族重要事务，等等。

另外，参考上述研究成果，借鉴学者李裕瑞等人依据能人产生领域的划分，我们将贵州农村地区的乡村能人类型也划分为政治能人、经济能人和社会能人等三种类型。

第二节 乡村政治能人的媒介素养及其对村寨发展的影响

一、乡村政治能人的界定

一般来说，乡村政治能人主要指村“两委”干部、村民组长等，他们不仅掌握着体制内资源，能够与政府部门进行良性互动，且能为当地发展

① 尹广文，崔月琴．能人效应与关系动员：农民专业合作组织的生成机制和运作逻辑——一组基于西北地区村域合作社的实地研究［J］．南京农业大学学报（社会科学版），2016，16（2）：36-43，153.

② 蓝寿荣，罗静．法治化视野下的乡村能人角色变迁［J］．老区建设，2020（16）：45-51.

③ 李裕瑞，常贵蒋，曹丽哲，龙花楼．论乡村能人与乡村发展［J］．地理科学进展，2020，39（10）：1632-1642.

寻求项目、政策、资源。同时，乡村政治能人又往往能够得到乡村社会文化的认可，易于在乡村公共事务处理中发挥影响力。依据上述界定，我们决定选择这样的访谈对象作为乡村政治能人的代表，并将他们细分为传统型、现代型和未来型三种。

二、乡村政治能人代表人物

（一）传统型政治能人

在走访中发现这些乡村传统型政治能人多是老一辈里接触大众媒介比较积极的人，他们汉语使用也很流利，对国内外形势比较关注，但在媒介应用能力方面却有一定的局限性。这里，我们以龙里湾滩河镇走马村的老Y书记和花溪云顶村的老W书记以及普定猫洞乡猫洞村的Z书记为代表进行了访谈。

1. 走马村老Y书记

走马村老Y书记曾担任村干部多年，培养了村里现有的大部分主要干部，现在的小Y书记就曾多次对笔者说起是老书记亲手培养了他，因而，他也是对老书记十分敬仰。经由年轻Y书记的介绍，老书记很热情地邀请笔者去他家做客。老书记说他一般只看新闻，以了解国家政策形势；电视剧不喜欢看，报纸是很少看了，字小，眼睛不行了，有些也看不懂，手机上的微信要用的，抖音也会玩一下。与老Y书记聊最近发生的国内外新闻，他确实也都有所了解。

但最近却发生了一件让老Y书记和村委会意见不合的事情，起因是县里拨款给村里一个修桥工程项目，但需要村里自己出人工和沙子。由于走马村村民大多外出打工，村里免费人工不好集中，同时村里也没有沙子，为了完成修桥任务，村委会决定每户收费以后雇人完成工程。但在收费问题上遇到麻烦，大家不愿意交钱，尤其是老Y书记认为：中央三令五申要给农民减负，这交钱又从何说起！

又因为老Y书记的影响，一些准备交钱的村民也决定暂时不交了，并说等老Y书记交了再交。这就让村委会的工作难以开展下去。

究其原因，小Y书记认为：老Y书记从电视中了解到的多是中央新闻，这里收看县电视台节目的信号不好。虽然网上公布了关于该项目的具体情况，但老Y书记不会用电脑上网，也没有再通过手机网络了解新闻信息的习惯，所以他并没有了解到县里关于该项目的具体政策及实施情况等全面信息。本来修桥补路是一件惠及村民的事情，上面的政策是不能随便收费，但并不是说不能合理收费。由此看来，因为媒介使用与理解的局限而使得老Y书记只领会了中央的大政方针，而未能了解到县里执行中央政策时的具体文件和细节要求，以及县里给予村里工程项目的网上通知。显然，老Y书记有些落伍了。

2. 云顶村老W书记

云顶村老W书记刚从书记位置上退下来不久，大概60岁的样子，人生经历也相对简单，曾任村会计，然后就是多年连任村支书。退下来以后的书记每天时间多以电视为伴。笔者通过老W书记了解到云顶村的媒介发展历程。早期是贴标语宣传国家以及地方政策，再后来就是先通过县乡开会了解到政策后然后再回村传达政策，虽然当时村子有广播喇叭，但不常用。再后来就是通过收音机了解新闻。电视的使用则始于二十世纪八十年代，当时村里有电视机的人家并不多，但爱看电视的人也不多，主要是不少人看不懂汉语节目，村民受教育程度普遍都比较低。老W书记初中毕业，懂汉语，一直比较喜欢看电视，尤其是通过电视新闻了解国家大事，国际新闻也爱了解。

关于手机网络使用问题，老书记的孙子小W回答了我。小W说："手机对我们'00后'影响最大，'00后'玩抖音、上网、看网络小说、电子报纸、网上追剧等都离不开手机。还有，村民通过电视或国家政务网站了解了国家的相关政策，就会监督村委会的政策实施，也会对村委会提出有针对性的意见和建议。"

3. 猫洞村Z书记

1963年出生的Z书记，是猫洞村尚未退休的老书记，也是猫洞村进行乡村信息传播的"舆论领袖"，因为村民们要了解相关国家政策一般需要通过他，相关民族文化传播也离不开他。他在谈到村里安装广播时提到一件让他终生难忘的事情，就是广播救了他妻子的命。当时，他的妻子在家生孩子遇上难产大出血，是通过村广播叫到人帮忙送医院的，最终才得以母子平安。现在Z书记获取信息的渠道还是主要依靠电视。他的主要关注点是中央新闻频道的各类新闻节目以及天气预报，目的是获取最新信息。“如果没有每天更新所看到的新闻信息，就会觉得跟不上现在的社会步伐，我会特别关注中央对农村的各项政策，关注到自己想要了解的信息。”有经验的信息把握使得他不仅能接受信息还能对信息进行比较恰当的解读分析并形成自己的见解。作为村书记，虽然使用手机多年，但对微信和抖音的使用能力并不很强，只是停留在微信群留言、发朋友圈、信息阅读，看抖音短视频等一些较为基本的功能上，加上不会使用计算机，他不禁感慨：“如果没有手机或手机信号中断，那就只能喊天了。”现代大众媒介的使用能力已经一定程度地制约了老书记的工作和生活。

综上，通过对三位乡村传统型政治能人的调查，我们了解到这些传统型乡村政治能人在接触大众媒介的积极性方面比一般村民要高，获取信息的能力也强，对村民有一定影响力。像老Y书记和老W书记看新闻是为了了解国家形势，但因为年龄较大和文化水平制约，传媒信息的接触面较小，呈现保守的一面，和乡村现代型政治能人相比，他们呈现出的信息劣势已较明显。

（二）现代型政治能人

现代型的乡村政治能人已习惯于通过手机这一方便流行的大众媒介实现对信息的浏览、学习和掌握，并以其作为进行乡村管理工作的工具。其媒介拥有、使用情况以及由较强的媒介应用能力而带来的政治影响力已与传统型乡村政治能人大不相同。

1. 走马村小Y书记

1974年出生的小Y书记拥有高中文化。走马村的大众媒介除了同于其他村寨的期刊报纸外，还多了《民族论坛》和《知识博览》等杂志。小Y书记在福建打工多年，他对电脑、手机等大众媒介的使用都非常熟练。小Y书记致富的第一桶金就是通过利用网上信息获得的。本在福建打工的他在了解到农村跑运输有补贴的政策后，便回到村里跑起了运输，同时又开办农家乐，于是小Y书记的口袋便鼓起来了。如今的小Y书记对手机媒体的运用更是轻车熟路，不仅会使用微信朋友圈、微信群，更会随机拍摄视频、撰写文案发布到村里官方微信群中。原来村里有重大事情需要到村委会见面集体讨论，现在只需通过干部微信群讨论后即可决定。小Y书记的手机里有诸多的小程序，更有龙里周讯数字报，龙里融媒等新闻 App，小 Y 书记已经不再通过纸质报纸来看新闻了。作为走马村无可置疑的“意见领袖”，线上线下相关农业知识的传播和答疑解惑也由他主要负责。为了与时俱进地使用大众媒介帮助村民，通过直播带货进行本村农产品的销售也在村委的计划中。小 Y 书记还时常在抖音上发布真实展现走马村生活的视频，传播家乡趣闻趣事，更会在网上展示销售当地的优质农产品。作为一个苗族村寨，小 Y 书记发布的视频对自身苗族文化的传播也是不遗余力。尽管小 Y 书记的视频内容创作还比较粗糙简单，但依然起到了引领道德与和谐乡村的作用，这种走出乡村然后反哺乡村的政治能人正是乡村振兴中的急需人才。

2. 云顶村 S 书记

四十多岁的云顶村 S 书记，精明能干，连任村党支部书记四届了。一般新干部上台，群众会非常拥护，但当久了，肯定就会有矛盾。而 S 书记能如此连任，足见其能力。S 书记说，刚上台时，虽然很想为村民办事，但经验不足，没现在做事有成效。现在有经验有思路，也已经为村民办了些事情，但村民反而意见多起来。这些意见主要是：他没出去打工，却能够修那么好的房子，肯定有问题，但又找不到根据，有些村民还偷偷地算了下 S 书记家小商店和楠竹加工厂的每年收入。

云顶村整个村庄都有网络覆盖，电脑或手机上网都十分方便。S 书记似乎非常钟爱中国新闻网。村寨事务一般用微信群交流。村里有齐全的广播配套，但较少使用。S 书记时而用广播对村民讲话，声如洪钟，神采奕奕。

S 书记喜欢看手机电子报，比较注意报纸头版的重大新闻信息，因此对国家和地方政府政策比较熟悉，工作中也显得比较主动。上述所调查村寨中，云顶村所争取到的上面拨款项目最多，分别有：特色村寨，农家书屋。能够争取到农家书屋项目是非常不容易的。这一切似乎和 S 书记对新闻动态和相关政策信息的了解掌握有很大关系。

云顶村村委会的报纸杂志，阅读者主要是村委会干部，去的群众很少有翻阅的。S 书记也是一个比较重视与外界进行信息联络的人。我们之间不仅加了微信，且能不时收到来自他的问候信息。同时，他的微信朋友圈也不断传递着村寨发展信息，S 书记和不少到过村寨的人都保持着联络，经常用微信进行交流。

3. 猫洞村驻村 L 书记

1976 年出生的驻村 L 书记，因对大众媒介的掌握较好，故而村里的电脑只有他平时最常使用，用于传送上报相关信息，使用微信、QQ 进行语音、视频通话对他来说也不在话下。他的手机使用频率非常高，很多时间都是在手机上看扶贫相关文件。手机上看新闻也非常方便，只在晚上才看一些电视新闻，L 书记说大屏幕看着舒服。用手机微信或 QQ 可以省电话费，同时怕错过手机上的重要信息，需要不时看手机，很多工作文档都是通过 QQ、微信互传的，半天就能传很多信息。L 书记的微信群也非常多，多得有时候找出需要的文档和信息都要费点工夫。L 书记还说：现在人们都很少用手机号码打电话了，一般都是微信或 QQ 语音，甚至通过视频进行沟通交流，视频多在亲戚朋友同学家人等关系更近的人之间使用，感觉上比较亲切。用手机网上购物也很方便，省时省力。现在电话费也可以直接通过手机上网交了。用微信交电话费和电费都很方便快捷。

综上，乡村现代型政治能人普遍对媒介接触广泛，网上相关小程序、App 等软件运用熟练，且普遍乐于接受新鲜事物，善于学习，对于微信、抖音、快手等软件运用娴熟，网购经验较为丰富，乐于拍摄和发布正能量的视频，甚至尝试网络直播带货。正是上述掌握媒介能力的凸显，使得他们不仅带来了自身的经济富裕，并能以此能力推动乡村特色文化传播、农产品推广、村民社会道德以及文明素质提升。这样的文明乡村既带来乡村旅游业发展，又能加快优质农产品的种植培育和及时售出。由此，以经济发展为主要推动力的乡村社会得以全面振兴，和谐团结的民族关系得以形成，民族团结进步创建工作得以推动向前。

（三）未来型政治能人

乡村未来型政治能人自然是青少年。青少年是祖国的未来，民族的希望。青少年的成长对村寨的未来发展至关重要。在媒介如此发达的今天，村寨青少年借助大众媒介，在促进乡村振兴和民族团结进步创建中发挥着自身的重要作用。

1. 云顶村两位大学生的媒介接触与使用

（1）云顶村大学生 WLX。现年 20 岁的 WLX，在贵州一所学校读大三，希望自己未来能成为大学生村官，时常在假期随机向村民传授相关媒介技术和文化、政策等知识。她说平时空余时间主要是通过手机上网了解一些新闻娱乐，多用微信与人联系，发布微信朋友圈，通过相关网站、微信公众号、抖音账号以及微博等网络媒体及 App 关注家乡情况，也希望能以更多渠道更好的内容宣传家乡，至于看报纸和听广播都是通过手机网络进行的，毕竟融媒体时代，一切都电子化了。

（2）WLX 的弟弟 WG。现年 19 岁的 WG，大学在读。玩手机是他的所爱，军事内容关注最多，因在贵阳读书，故熟悉《贵州日报》等报刊，一般通过网络了解新闻信息，且多是通过手机网络。他对国际新闻比较关注。由于村内新建了信号塔，手机信号非常好，用手机上网比较省钱，通过微信语音或视频在家里与同学聊天是很惬意的事情。他希望能通过大众媒介宣传家乡的优秀传统文化，并能在大学毕业后回乡服务，目前也会从事乡村的公益服务工作。

2. 老寨村侗族“腊咩头”小 F

小 F 是玉屏县老寨村的在读大学生，回到家里的时间多是看电视或玩手机，村内有广播和公告栏。回到学校主要是用手机上网查阅资料。电视主要看新闻、农业科技、法制或军事节目；新闻关注国际国内新闻以及本省本地区新闻，农业新闻和政策类新闻也会关注，多通过手机网络了解相关信息。受到当村支书父亲的影响关心村寨发展，关心民族团结进步创建。对于通过媒介宣传发展村寨持肯定态度，并提出通过建立网站、制作视频，扩大宣传，推动旅游以促进村寨经济社会文化全面发展，从而带来乡村发展和民族团结进步创建目标的实现。

以小 F 和 WLX、WG 两位大学生为代表的未来型乡村政治能人不仅自身具有文化素养和媒介素养，同时又能运用自己的所学反哺家乡，他们在帮助实现乡村文化数字化和网络化的同时，还通过传授网络知识帮助提高村民运用网络、解读媒介信息的能力，使得最新的科学文化知识得以在乡村传播，城乡间的文化差异和经济鸿沟也由此得以不断弥合。由政府直接到村民的管理和信息沟通模式在数字技术的干预下被逐渐打破，乡村未来型政治能人成为乡村文化科学化、高效化和精准化治理的重要驱动者。

事实上，访谈中的乡村未来型政治能人已经深谙数字技术，大有引领农村产业从种植业、养殖业向休闲旅游、生态保育、文化传播等方面转型的设想，他们会告诉我们如何利用贵州地区的民族文化特色、地理环境和生态环境优势挖掘优势旅游文化资源，如何发挥农业的多功能性，形成农旅融合的新业态，以此带来农村的产业振兴。并以贵州极具民族特色的民居建筑为例，设想通过制作网络视频进行传播，使其以兼具自然景色与人文历史的外观吸引游客，在很大可能带来旅游收入的同时，当地村民的其他产业，如特色民宿、特色产品展销等也会同时创收，以此形成自身独具地域特色的乡村旅游品牌。

与乡村传统型政治能人和现代型政治能人相比，乡村未来型政治能人不仅能熟练运用电脑及网络，对当前最流行的手机媒介使用更是精通，从而使得手机成为他们获取全方位信息的主要途径。他们所关注的信息内容不仅有国际国内新闻更有娱乐八卦等，同时拥有通过大众媒介改变自己家乡未来的丰富畅想。良好的教育程度和较高的文化水平也使得他们对新媒体能够较快接受。他们不仅关注外界信息，更关注自身村寨建设，以全面的自身素质影响家乡发展的能力已有所显现，希望家乡各民族团结和谐共同进步也是他们的共同心愿。

通过对乡村传统型、现代型、未来型政治能人的访谈发现，他们具有一些共同特征。第一，关注大众媒介，并能熟练使用和搜索所需信息。第二，关注媒介信息，尤其是关乎家乡和农村的信息。第三，媒介使用时间较长，能通过媒介信息，一定程度地成为村寨“意见领袖”。第四，以媒介熟练运用助力自身发展尤其是经济发展。再者是传统型、现代型、未来型政治能人三者之间的区别。乡村传统型政治能人由于知识文化水平限制和信息需求的减弱，缺乏较强的信息获取主动性，虽然也会运用传媒策略应对面临的问题，但传媒信息获取能力的不足，使得他们相对于现代型政治能人来说，失去了掌握传媒信息所带来的工作效率和做事效果的大幅度提升。

第三节　乡村社会能人的媒介使用及其对村寨发展的影响

社会能人的来源广泛且复杂，他们参与乡村治理也往往依靠各自不同的权威资源。一般来说，乡村社会能人主要包括有权威的老人、寨主、族长及乡土文化能人等。在此，我们选择乡土文化能人作为乡村社会能人的代表来了解他们的媒介使用情况以及他们在乡村振兴战略和民族团结进步创建活动等村寨发展方面的影响。

一、W 研究员

W 研究员，来自玉屏县田坪镇，本是工科出身的他，进入侗族文化研究领域以后，为了使得不断受到汉文化和西方文化冲击的侗族文化不至于消散于文化的长廊和历史的长河，笔耕不辍，不断写书出书，不知不觉地成为侗族文化的大众媒介传播先行者，玉屏的侗乡侗寨也更为世人知晓。

作为乡土文化能人的代表，对汪研究员的调查访问是通过提纲的方式针对以下问题完成的。

问题一：探论一下您所知道的家乡村民的媒介接触情况以及他们搜索媒介内容的情况。请问，您认为大众媒介是如何赋能村民生活的？

答：口耳相传是无文字侗族的悠久历史传统。二十世纪七八十年代的大众媒介则是电话、广告标牌、电影、杂志等。八十年代以后的大众媒介主要包括电视、报纸、杂志、网络、手机等，大概 2005 年以后手机应用慢慢普遍起来，电商、视频 App、社交微信群等为乡村生活也带来了巨大的生活便利。家乡农村的大众媒介运用主要是电视、广播、手机。村民们通过大众媒介收看电视剧；用广播接收乡镇通知及新闻、播放歌曲，运用手机进行网上购物在乡村也已经比较普遍。大众媒介给乡村生活带来方便的同时，电视上泛滥的药品广告，有误导老年村民的倾向，手机泛滥的信息，除了有误导老人的可能，还存在诈骗风险。

问题二：2020 年以后，村民通过大众媒介主要关注哪些方面的信息？所关注信息对村民生活所起作用有哪些（分别就年轻人、打工者和村里的管理者、中老年人等不同层次的人作答）？

答：年轻一代关注电视剧之类以及国际国内发生的重大新闻。50 岁以上的，在侗族文化复兴以后，对侗族文化相关的录像光盘和视频感兴趣，这个年龄段的妇女大多不懂汉语，也不看电视，录像视频中用侗语演唱的侗族歌手感觉很亲切，或者建立自己的微信群，在群内用侗语发语音微信，听群友唱侗语歌，或者玩抖音，看侗语抖音视频。年轻人则更关心赚钱相关信息，如农作物种植，发家致富经验传授等，并且多随潮流走，网上购物多。懂汉语的老年人会关心药品信息，或追剧消磨时间。打工者时间紧迫、生活匆忙，无暇顾及太多手机长篇文章，但对坊间信息有较多关注，如用工信息等。村里的管理者多关注时事政策，而中老年人多关注民族文化。

问题三：谈论一下您的媒介接触情况、媒介内容搜索情况以及其中的原因和目的。

答：电脑和手机是我接触最多的大众媒介，主要用它们来看国内外大事件，搞研究、写文章也要用到它们。我很注重自己的兴趣爱好，当然也是工作需要才这样做的。用这些大众媒介可以提升自己的专业能力，完成工作时需要参考借鉴和深度思考，同时也能让自己休闲娱乐。

问题四：一般来说，意见领袖对受众的影响大于大众媒介，而您对村民产生的影响一般有哪些？

答：在相互问候中了解到双方的信息，这种影响是潜移默化的，具体来说，在读书求学上，经常有人向我征求意见，但在如何赚钱的问题上，我的意见时常会被忽视。

问题五：您是如何关注家乡并了解到与其相关的信息？您印象比较深刻的家乡新闻是什么？

答：关注家乡新闻。关注的渠道：①直系亲戚：经常打电话回家；②村支两委和学校老师；③微信公众号；④政府的、民间的、个人的渠道都关注。印象比较深刻的有关家乡新闻是民生政情。

问题六：能否谈谈您对家乡目前的民族团结进步创建工作情况的了解？您认为该如何建设好家乡？

答：玉屏县早在2014年即被国家民委授予“全国民族团结进步创建示范县”，老寨村、枹木垅村等也先后被评为“贵州民族团结进步创建示范村”。民族团结进步创建的衡量的主要标准是：经济社会事业发展基础上对民族团结和社会稳定的维护、对民族工作的高度重视等，经济社会发展和民族团结工作的宣传是重要核心工作。路路通、网络通、水电通还不足够，产业兴旺、人居环境持续改善则更为重要，以防止乡村凋敝、退化。

问题七：您认为家乡的侗族文化发展重要吗？

答：非常重要。文化发展是侗族村寨的大事。经历漫长岁月积淀的侗族文化独具特色。其一，芦笙文化；其二，侗锦；其三，六月六尝新节；其四，侗族历史名人；其五，侗族语言、服饰、生活习俗等。文化对一个民族发展的影响绵长而深远，因而侗文化传承创新成为全民族探索的问题。

问题八：借助大众传媒宣传促进乡村发展是否有其必要？如果必要的话，应该怎样做宣传呢？

答：看情况吧，若某一资源、产业，比如旅游，有特殊价值意义，抑或开发价值，则需要大力宣传。其手段当为多元、立体的，尤其是现当代各种媒介之利用，非常必要。

问题九：在外工作的本村人对家乡的关注情况如何？他们一般会关注家乡哪些问题？

答：一般都会关注，毕竟根在那儿。一般关注的话题有：①发生什么大事和新鲜事；②自己家里的情况，包括收入情况以及家庭成员的基本情况；③民情政风、家乡变化。

问题十：请您提供关于大众媒介与乡村生活的其他思考。

答：大众媒介已经深入影响到村民生活的方方面面，但一定要注意屏蔽虚假信息问题，尤其要防范虚假信息传播伤害到村民。

二、H 公务员

H 公务员来自高坡乡云顶村，大学毕业以后，作为公务员工作于贵阳。由于黄公务员比较繁忙，但他同意提纲访谈，故以提纲访谈了解到如下的信息：

问题一：谈谈您所了解的家乡村民运用媒介的情况，村民最爱观看的内容是什么？大众媒介对村民生活带来什么样的影响？

答：在媒介不发达，村民文化水平普遍不高的过去，一般是靠口口相传来沟通信息，更喜欢用歌声传唱信息。现今，手机和电视成为村民主要的信息来源。一部分文化水平高的人会关注社会生活，一部分人把这些大众媒介作为娱乐消遣的工具。

问题二：您本人最常使用的大众媒介有哪些？最爱观看的内容有哪些？为什么？

答：报纸、手机、书籍是我常用的媒介。最爱看的有新闻、专业相关内容以及社交 App 娱乐频道等。空闲消磨时间、了解国内国外资讯、丰富自己知识、满足工作生活需要。

问题三：谈谈您作为信息舆论领袖对家乡村民带来的影响。

答：通过在传统节日中的讲话和号召，往往会对乡村发展项目和公益事业开展起到一定的推动作用，同时，村民们也会就地方一些难以解决的问题向我倾诉并托付我帮忙向上一级反映以解决问题。

问题四：您平时一般从哪些渠道了解家乡相关信息并关注家乡？给您留下深刻印象的新闻信息有哪些？

答：主要通过电视新闻和手机微信、微博等社交媒体以及网站了解家乡情况。给我留下深刻印象的新闻信息是家乡的新变化，包括产业发展、基础设施建设等。

问题五：您所了解的本村在外务工人员对家乡的关注情况及其关注点。

答：务工人员往往也非常关心家乡的发展，毕竟良好的发展密切关乎自己的切身利益。如果家乡基础设施增多，农村实施医保、自然环境改善、学校教育质量提升等诸多方面的良好改善都会带来村民幸福感的提升。

问题六：您对本村的民族团结进步创建活动的了解情况？您认为该如何开展好这项活动？

答：一般通过领导座谈、文艺演出、节日庆祝等推进本村民族团结进步创建工作。

问题七：苗族同胞们很关注本民族文化，通过调查，我认为苗族村寨最大的事情应该是发展文化，您认为呢？

答：是这样的，文化的和谐发展和传承对任何一个民族都是非常重要的。

问题八：为推动乡村发展，大众媒介的传播功能运用是否必要？如果认为必要的话，又要从哪些方面进行宣传呢？

答：必要性毋庸置疑，要从乡村的未来发展前景去宣传，经济发展基础上，本村的文化优势包括文化旅游项目、绿色自然环境、当地民情、朴实民风等。

问题九：调查中发现，村民比较关心本村的旅游开发问题，您认为应该如何开发本地旅游呢？

答：首先要挖掘本地旅游特色。通过进行正面的媒体宣传，表达村民的真实想法和期待。通过建立网站、手机小程序、旅游推广 App、旅游博客、微信公众号等，并与媒体合作，开展广泛宣传以吸引游客。

通过对两个乡村社会能人的调查，我们可以看到这样的情况：其一，这些社会能人都能够积极主动地使用大众媒介，对媒介工具的把握能够与时俱进。其二，都能通过大众媒介工具直接或间接地关注家乡发展，与家乡保持沟通联系，明白大众媒介在乡村发展中的重要作用，并将这种意识付诸行动，以推动家乡发展。其三，旅游开发、文化保护、民族团结进步创建等与乡村发展密切相关的问题，都得到了这些乡村社会能人的关注和意见参与乃至辅助行动，大众媒介在他们与家乡信息保持畅通之间起到了纽带作用。其四，乡村社会能人在配合解决家乡问题时，大众媒介起到了桥梁工具的作用，因此，大众媒介已成为促进地区经济社会发展的不可或缺要素。其五，作为人类信息传播的主导性渠道，大众媒介对于包括上述乡村社会能人在内的现代人进行学习和获取信息上的重要性超过了以往任何时代。

第四节　乡村经济能人的媒介使用及其对村寨发展的影响

经济能人主要包括农民合作社社长、大型农场场主、私营业主、善于经营的个体户等，主要通过经济资本或专业技术等带领群众进行乡村经济建设。

乡村经济能人多有在外务工经历，当他们返回自在惬意的乡村后，由于城市生活经历所带来的思想观念的重大转变，使得他们通常对于家乡建设心怀热忱。乡村经济能人大多具有一技之长，拥有较强的劳动能力，个人思想水平和综合素质相对较高。他们大多在本地尝试开展多种类型的创业活动，如家禽较大规模养殖、果蔬大棚种植、开展农家乐等。

一、云顶村经济能人 YXJ

YXJ，男，转业军人。曾在省外建筑工地打工数年，后成立了自己的包工队，成为“包工头”。长时间的打工经历丰富了他的阅历、经验和技能。回到云顶村以后，他便向村干部提出利用云顶村优美的自然环境发展乡村旅游业、创建农家乐的想法。于是，2015 年冬，他率先将自家楼房翻新扩建改造成农家乐，因其优越的地理位置，加之其中的创意设计规划，对游客极具吸引力。如今，随着 YXJ 的事业发展，新扩建的客栈有十多间客房，配套设施更加齐全，顶楼有屋顶花园、会议室、休闲茶餐厅和卡拉 OK、投影等设施供游客餐饮聚会、交流娱乐。经营农家乐近十年来，YXJ 不仅自己诚实待客、努力经营，还热心村内公益，辅助村干部积极开展村内诸多项目运营，如农家乐协会等。如今的 YXJ 农家乐包括了吃住玩乐全套服务项目，一年的净利润超过 15 万元。

YXJ 的经营理念更是与时俱进。为了利用数字媒介技术推动乡村快速发展，YXJ 决定与人合作进行关于农家乐的短视频创作。自其短视频从 2021 年上线网络以来，YXJ 已完成一百多个视频的抖音短视频平台上传，点赞量十万，更有全网其他平台激增的粉丝量，迈步网红流量博主指日可待。

YXJ 的视频多是通过自己农家乐美食制作过程来吸引受众并宣传自己的食品特色。短视频内容包括：拿取干净卫生的食材、科学合理的制作过程、营养美味的品尝感受等，同时拍摄本民族特色文化镜头穿插于视频画面中。与此同时，YXJ 还将美丽的乡村风光以及身处其中的农家乐场景画面展示于他的短视频作品中，舒缓惬意的背景音乐配以本地方言录制的旁白。在声画结合的短视频作品呈现中，让受众感受到作品的真实感，从而愿意来此一游。借助大众媒介的线上传播，YXJ 获得了良好的经济收益，并对村内事务和其他村民的经济发展带来积极影响。

二、雷洞村经济能人 SZR

1975 年出生的 SZR 比较实在，不爱讲话，曾在外地打工三年。SZR 不仅自己会开车，家里有跑县城的班车，且办有养了十多头母猪的养猪场，养猪前期有亏损，如今已经渐见收益，收入和开班车差不多。

三年的在外打工生活，大大开阔了 SZR 的视野。由于对国家农村政策的关注，他顺应国家政策办起了养殖场并开起了班车。他说，通过看电视了解到国家提倡这样的行业，便亲自到县里咨询，最后确认不仅有这样的政策且有相关补贴，这样就比打工划算，于是就干起来了。他搞运输政府每年补贴他好几万，养猪场也有补贴。

如今的 SZR 已经成为雷洞村村主任的培养对象，他本人也愿意作为村主任更好地服务村民，并将自己的致富经验应用于村寨管理，传授给其他百姓。

三、猫洞村经济能人 YF

作为猫洞村的茶山负责人，YF 等人在承包流转土地后积极发展茶产业，为周边群众提供大量就业机会，有效带动了村民增收和致富，乡村脱贫攻坚成果也因此得以进一步巩固和提升。正是通过合理利用土地，推动农村资源共享、利益共享和农业转型，YF 负责的茶厂茶收成可达上千斤，年收入 60 万元左右。

随着数字媒介在乡村的快速发展，YF 便逐渐利用技术红利通过制作拍摄抖音和微信短视频来宣传推广自己的茶厂和茶园。在抖音和微信均开设了自己的短视频账号，在录播自己日常采茶种茶生活的同时，对自己的茶品牌也是一个很好的传播。当国内在线直播平台迅速发展并蔓延至农业领域后，YF 又通过“短视频＋茶业”直播既拓宽了茶技推广、茶产品品牌营销新路径，也实践了以农村电商推动农村经济发展、茶农们脱贫致富的新方法。

和上述三个个案相类似的乡村经济能人群体在五个田野点的存在都不是少数，他们在农村电商、现代化种植养殖、新兴旅游产业等多个方面将新技术应用于家乡建设，从而在为农村社会媒介化和乡村振兴提供助力的同时，也让媒介化生存方式在乡村得到尝试和实践，并成为乡村发展的内在动力来源。

总之，通过整个田野调查，我们发现："硬件"——贵州民族地区的外在传播环境已经得到明显改善，改善后的硬件，更需要"软件"（或者说软环境）的充实，那么需要"软件"充实的贵州农村受众其媒介素养便成为一个亟须关注的重要问题，因此贵州农村受众对大众媒介的利用意识与利用能力的培养，就成为下一个需要重点思考的环节。

第四编

提升农村地区受众媒介素养
以促进民族团结进步创建

第一章　国内外媒介素养教育的理论与实践启示

民国时期开启了中国社会从传统向现代的转型，也是我国的大众媒介素养教育从晚清萌芽到成果初见的时期，因而成为当今媒介素养教育及其研究发展的历史依托。同时，中国香港、台湾地区以及西方的媒介素养教育理论与实践对媒介素养研究和教育具有借鉴意义。

第一节　民国时期媒介素养教育的可借鉴性

民国时期的媒介素养教育，主要体现在对大学生开展新闻教育，对中小学生增设新闻学科的同时增加读报学习，另外还要利用广播等大众媒介以及民众教育馆向民国时期受众传播新知识。在《复兴农村与发展报业》一文中，孙如陵指出，民国时期合全国精英所经营出来的报纸，因文盲太多而在农村的发展受到阻碍，从而只为少数知识分子服务。读报能力作为一种基本的“媒介素养”，民国时期报人戈公振也认为，即使对于手拿报纸的青年人来说，阅读报纸的方法和报纸的边界也是不清楚的。在《报纸评论和社会舆论》一文中，潘君健认为，正是因为人们知识的浅薄，缺乏判断是非利害的能力，从而使得报纸评论不能正确地被受众认识和接受，健康的社会舆论也无从建立。报人戈公振也同样认为，由于青年们对报纸的盲从迷信，不仅深深伤害了自身，同时也影响了社会的良性发展。正是民国时期学界对当时受众媒介素养状况的清醒认识，从而有了民国时期媒介素养教育的萌芽。甚至《新闻教育问题》一文中，惜莹还提出了更为细化的教育方案。她认为，养成看报人鉴别报纸好坏的能力才是读报运动的根本目的。报纸要想销路增加，一定要设法改进它的阵容和实质，这就需要素有新闻学识和研究的经验的人才前来参加。同时，新闻教育机关也应改进办学方针以应对报业发展的需要。这样，随着新闻教育的质量提升，看报人的程度也随着提高，于是新闻教育和新闻事业同向前进①。同时民国时期的潘觉在其《怎样普及新闻教育》一文中，也建议在师范学校开设新闻学课程，以期师范生成为中小学教师后对学生进行读报教育或者办理学校新闻。现有天津师范大学学者在其《中国媒介素养教育思想萌芽的阐发》一文中也阐述了“早在20世纪30年代，中国新闻学者与教育工作者就从不同侧面提出了在中小学教育中开设新闻学课程”的同样的观点②。

基于现实的需要，一是要破除读者尤其是青年读者对报纸的迷信及对其思想内容的盲从。二是为摒弃一些读者专门浏览负面新闻甚至黄色新闻的猎奇心理以建立健康的媒介使用观念，从而通过媒介获取到真正有用的信息。同时，民国时期国民媒介素养的提升，读者辨别是非好坏的能力的提高是其一个方面，另一个方面读者亦可以凭借其较高的媒介素养，准确解读由于规避新闻严厉审查而进行的内容暗示。民国时期读者的媒介素养能力提升，还有利于受众应对工作和生活中的相关问题。毕竟，新闻报道所提供的观察社会和人生的角度方法，亦会让读者受益匪浅，通过思考提升自己，从而更好地服务于社会。此外，民国时期受众媒介素养的提升有利于他们写作能力、内容鉴别能力以及职业能力的提升。

正是有了对媒介问题的上述思考，民国时期的部分教育工作者和学者提出在大学、中小学广泛开设新闻科的课程教学思想，尽管这些媒介素养教育的构想尚处于萌芽期。

在思想构建的基础上，民国时期的一些学人已经有了媒介素养教育的初步实践。蔡尚伟、李朗认为，从1815年第一份近代中文报刊《察世俗每月统记传》诞生起，中国便有了媒介素养教育的因子。自此以后，媒介素养教育的因素不断增长，主要有以下几方面的表现。

---

① 李秀云．中国媒介素养教育思想萌芽的阐发［J］．新闻记者，2005（1）．

② 李秀云．中国媒介素养教育思想萌芽的阐发［J］．新闻记者，2005（1）．

（1）以近代中文报纸为起点，开始了对大众媒介意识的初步培养。

① 介绍报纸性质；

② 介绍报纸的功能与作用；

③ 介绍报纸采写编知识；

④ 对报纸负面作用的批判；

⑤ 清末的读报、讲报活动。

（2）电影素养教育。

（3）1918 年 10 月 14 日北京大学新闻学研究会设立——中国媒介素养教育正式开始。

（4）广播素养教育的发展。

（5）通讯员培训—媒介素养教育的重要方式。

（6）共产党党报素养教育的发端。

（7）民国时期学界关于“媒介素养”及“媒介素养教育”的探讨。[①]

上述提到的七个方面中，有两种是最为接近今天的媒介素养教育的。

其一是清末出现的读报、讲报活动，其宗旨是提高国民素质，以官吏和士绅阶层为主体、城乡百姓为对象。

依据相关记载，清朝末年（1901—1911）的阅报、讲报所（处）就有二百二十余家，作为一种社会启蒙形式，最初建于全国各地，1905—1906 年大量创办于北京。当时阅报、读报活动的兴盛可见一斑，且为政府和民间普遍认可。

阅报社旨在启蒙大众，因而简易是其特点，不侧重于精深的理论探讨。除去内容，规范的组织形式是其作为一种启蒙方式的另一特别之处。陈列各类报刊的阅报所（社、处）不仅免费且配有专兼职讲解员，大多场地固定且配备茶座，以没有文化者为服务对象，通过这样的方式不仅使得报纸得以扩大传播且使得更多人能够接触并阅读报纸，从而使得民国普通民众的知识水平和报纸媒介素养得以大幅提升。

同时，读报、讲报活动也深受社会各界欢迎，山东首府济南在分设八个阅报处（四关、四隅）的情况下仍因人数的不断增多而只好又增设三

① 蔡尚伟，李朗．1949 年以前的中国媒介素养教育萌芽［A］//邱沛篁．媒介素质教育论集．成都：四川大学出版社，2004.

处，便是一例。

清末的读报、讲报活动第一次建立起大众媒介和受众间的密切联系，同时也使得民众普遍认同报纸是其获得信息的重要方法。不仅大大加深了报纸在彼时代对广大受众的影响，且以此种形式一直为后世所借鉴，以阅报栏、读报小组等的演变形式，对后世的社会和民众发挥其媒介素养教育功能。

其二是在各级各类师范、职业学校、普通中学增设新闻学课程以及针对商人群体举办专门的媒介素养提升训练班的广泛群众基础之上，北京大学“新闻学研究会”于 1918 年创立。面向所有的新闻学爱好者，研究会举办了两期研究班，培养会员百余人，每周开展听课、训练、讨论等活动，所涉内容广泛，包括采访、编辑、排版、印刷等内容及新闻通讯法等新闻学理论。具有广泛人员参与的“新闻学研究会”的成立不仅成为中国媒介素养教育正式开始的标志，而且该会于 1919 年 4 月 20 日所出版的《新闻周刊》会刊也成为一本最早传播新闻学知识的要刊。自此以后直至 1949 年中华人民共和国成立之前，总计全国性新闻教育机构有 60 余所，其中 10 余所为社会化新闻教育机构，如湖南自修大学新闻学科、新闻大学函授科、申报新闻函授学校、中华新闻补习学校、战时新闻工作讲习班、新华社新闻训练班等。①

天津师范大学的李秀云在其《中国媒介素养教育思想萌芽的阐发》一文中也指出，早在 20 世纪 30 年代，中国新闻学者与教育工作者就从不同侧面提出了在中、小学教育中开设新闻学课程的主张。

第二节　香港与台湾地区媒介素养教育理论与实践的可借鉴性

自 1997 年香港特别行政区成立以来，香港进入一个新的历史阶段，传媒教育的发展历经了理论引入、研究和实践三个阶段。由于香港媒体的市场化导向，大众媒介为吸引观众，抛弃了自身的社会责任承担以及道德约

① 李建新. 中国新闻教育史论［M］. 北京：新华出版社，2003.

束，暴力和色情等低俗负面有害新闻内容的出现引起了民众的极大反感，实施媒介素养教育的时机到来。尽管未能见到香港发布如《媒体素养教育政策白皮书》这样的传媒政策，但香港的媒介素养教育是得到政府支持的。依托1998年的优质教育基金，诸多媒介素养教育专家被邀参与对本领域教师的培训工作，并定期研讨媒介素养教育问题。[①] 包括了大、中、小学在内的以及青年组织、传媒机构、政府教育部门等在内的社会组织共同承担了香港的媒介素养教育工作。

以政府、媒介和以民间组织为代表的公众三方，形成了目前香港媒介素养教育的基本框架。就政府而言，相关组织有香港广播管理局等，就社会组织而言，成立于2000年的香港传媒教育协会等，再加之以香港电台等为代表的公共媒介。2001—2002年，“传媒及信息意识教育计划”在香港正式发布，以期通过对教师和学生的教育，来提高青少年对媒介的本质性认知、批判性思考和创造性使用能力。

随着台湾地区实施了36年的“报禁”结束，20世纪90年代“媒介素养”概念便开始引入。同时，随着媒体管制的解除，媒体市场开放，数量大增，发展迅速，为提高“收视率”“阅读率”“点阅率”，不惜以色情、暴力、灵异、神怪等不良信息吸引受众，以获取利益最大化，为了避免更多社会大众特别是青少年遭受媒体的不良影响，学术单位和民间团体开始推广媒介素养教育。[②]

自吴翠珍的第一篇关于媒介素养论述于1993年发表起，到1999年，台湾政治大学传播学院首个媒体素养研究室的建立和一年后四名老师开始教授媒体素养通识课程以及“媒体素养公民教育国际研讨会”在台湾的召开，越来越多的台湾学者开始关注媒介素养及其教育这个论题，同年，台湾的民间团体媒体识读教育基金会也加入进来，建立了媒体识读推广中心以开展媒介素养教育。

2002年10月24日台湾教育部门发布了可谓创举的《媒介素养教育政策白皮书》，其中明确规定“鼓励文化中心、社会教育馆、社会教育工作

---

① 陆晔. 媒介素养教育中的社会控制机制——香港媒介素养教育的目标和特征［J］. 新闻大学，2006（1）：57-60.

② 司峥鸣. 解毒媒体 解读媒体——台湾媒介素养教育研究［J］. 声屏世界，2006（1）：59-61.

站，作为社区媒体教育资源和技术中心，并培育媒体素养教育终身义工”，“委托办理提升全民媒体素养教育的竞赛与活动”，“整合各地图书馆，提供媒体素养教育图书资源和读者服务”。所有民众应加入媒介素养教育队伍，公众应使用大众媒介主动发声，学校教育和社会教育应予以整合都是该白皮书中的思想。

自此，台湾地区的媒介素养教育正式由教育部门主管，并将媒体作为“第二个教育课程”，并认为可以取代学校成为“第一个教育课程”，可见台湾地区的教育主管机关已经意识到媒体对青少年及儿童的影响，以及大众媒介给教育体系带来的挑战。

台湾地区开展媒介素养教育体现的主观能动性十分明显，通过相应政策的发布和严格执行来支持媒介素养教育的开展。不仅《媒体素养教育政策白皮书》对落实相关教育法令、媒体素养教育组织运作、相关课程内容设置、师资培训与进修、教材编印制定、学术方面研究等支持体系、媒介素养教育宣传推广、调查实践研究等十几个方面进行了确切的规定，① 同时，2004 年，台湾地区还成立了媒体素养教育委员会。

目前多数学者认为，卜卫于 1997 年在《现代传播》发表的《论媒介教育的意义、内容和方法》一文，是中国首篇系统论述媒介素养教育的论文。以这篇论文为标志，新闻传播学界才开始了对媒介素养教育的探究。虽然在上世纪初报业较发达的北京、上海、成都等城市及其周边地区，媒介素养教育在当时就已有了萌芽，但是新闻传播学界明确“媒介素养”的概念并引起广泛关注还是近几年的事。在该领域学者们的积极探索之下，不仅媒介素养的研究已经成为学界热点，而且媒介素养教育也成为一门新兴学科。不仅对媒介素养教育的关注扩大到整个社会，且对其实践也进行了有益的设想和尝试。“媒介传播与青少年发展研究中心”是 20 世纪 90 年代中国社会科学院新闻与传播研究所成立的媒介素养研究专门机构，迈出了中国媒介素养教育史上的重要一步。

2004 年复旦大学成立了中国第一个媒介素养教育小组（Media Literacy Group）以进行媒介素养研究和实践，并于同年 10 月 1 日开通首个媒介素

① 台湾“教育部”媒介素养教育白皮书［EB/OL］.［2016-03-08］. http//www. mediaed. nccu. edu. tw.

养专业网站（www.medialiteracy.org.cn）。同样是2004年秋天，在中国高校之中，上海交通大学第一次开设了媒介素养教育课程，吸引了不同专业700多名学生参与课程学习。也是在2004年中国首届媒介素养教育国际研讨会在中国传媒大学召开，四年一届，一直持续至今，2019年在中国传媒大学举办的第五届研讨会围绕的主题是"跨界·融合·创新——数字时代的媒介素养与人的全面发展"，将媒介素养教育与健康生活、城市发展、网络安全密切关联。同样于2019年召开的还有青少年艺术与媒介素养教育国际合作研讨会（国家会议中心），该会的召开基于媒介与社会的融合发展使得提升青少年的媒介素养势在必行这一社会共识，会议分享交流了各地在青少年艺术与媒介素养教育方面所做的努力。2006年1月9日，上海市闸北区开展的为期两年的"媒介素养"教育是国内首个针对青少年、教师和家长等群体的媒介素养培训、实践和调研，深入探索了媒介素养教育问题。

总的来说，中国的媒介素养教育虽然尚未被独立纳入学校教育课程，但经过20年的学科发展，作为一门新兴学科，媒介素养教育正在显示出自身的优势。

第三节　西方媒介素养理论与实践的可借鉴性

起源于20世纪30年代的英国的媒介素养教育研究，在经历了甄别模式、文化研究模式、屏幕教育和解密意识形态以及防御论和超越保护主义等诸多阶段以后日渐成熟。深受英国影响的西方大部分国家在媒介素养研究方面也不仅取得了理论上的巨大进展，更是取得了实践上的显著成果。

一、反对媒介

1844年，美国人塞缪尔·莫尔斯利用他发明的第一台实用电报机从华盛顿向巴尔的摩发出了第一封电报，内容是"上帝，你究竟创造了什么"。这句来自《圣经》的话语不仅由衷惊叹和赞美了人类自己所创造的这一电子传播媒介，同时预示了传媒奇迹的到来。

以电报为开端的电子媒介为人类传播带来了空间距离和速度上的突破，使人们在传播的效率和质量上获得了质的飞跃。19 世纪 30 年代，以《纽约太阳报》和《先驱报》为标志的“便士报”深入到大众阶层之后，广播利用半导体的电子技术随之跟进。19 世纪 40 年代的美国，八成以上的家庭已拥有电子媒介技术下的大众传媒收音机。紧接着的二十世纪，电子信息技术下的电视出现又成为一重大事件。

1969 年人类第一次在月球上行走的实况转播全世界估计有 5 亿多人观看，电视成为人们业余生活的主要内容。而自 20 世纪 90 年代以来，计算机的普及、互联网络的迅速发展成为世纪末一道最为亮丽的传媒景观。大众传媒的发展极大地改变了人们的传统生活，报刊、广播、电视、电影以及电脑网络成为我们生活的重要参与者。正如施拉姆所说，传播媒介一经出现，就参与了一切意义重大的社会变革①。传播媒介一经出现，人类社会生活也相应发生了变化。

然而，任何事物只要有利就有弊。以电子技术进步为基础的大众传媒的快速发展，体现出的是鲜明的“双刃剑”效应，在随时随地给人们带来新鲜和便利的同时，大众传媒也在制造着前所未有的麻烦和困惑。

在 20 世纪 20 年代的美国，随着电影工业的发展和普及，越来越多的青少年被卷入了这个“四分之三的主题是关于爱情、性和犯罪的”的玩具。1929 年，一个民间的慈善机构佩恩基金资助了一项关于电影与青少年的研究，这项研究有许多社会学家、心理学家和教育学家共同参与，1932 年研究结果《电影与儿童研究摘要》发表，这就是美国传播学研究历史上著名的“佩恩研究”。电影对青少年是必然有坏影响吗？参与研究的心理学家、教育学家和社会学家通过问卷调查和内容分析等大量实证，得出的却是大众传播“效果不一”的结论。

纵观整个 20 世纪，出于对以电影、广播、网络等“新媒体”所传播的流行文化的质疑和反对，几乎每隔十年，大众媒介就会受到一次来自人们充满焦虑的追问。

---

① 施拉姆. 传播学概论 [M]. 北京：新华出版社，1984.

对于大众传媒的发展给社会带来的影响①，人们从最初的惊奇、焦虑、诘难，到后来的理性讨论、思考、研究，关注的目光一直没有离开过。

1933 年，英国学者利维斯和他的学生丹尼斯出版的《文化和环境：培养批判意识》一书在今天被认为是媒介素养教育的滥觞。二人的观点在 20 世纪 30 年代得到了时代的广泛认同。他们认为：经由大众传媒普及的流行文化对受众带来的是一种“低水平的满足”，这种满足容易误导青少年，并对他们的精神追求产生不良影响。因而应秉持“辨别并抵御”的态度对待大众传媒，教育界要通过系统性的课程训练来培养青少年的媒介批判意识。很显然这是一种完全保护的媒介教育策略。

尽管上述观点得到了彼时代的广泛认同，但面对势不可挡的大众媒介发展，想让青少年和大众媒介割裂显然是不合时宜的，同时也犯了思维上只看其弊不见其利的片面性错误。

这种“反对媒介”的教育在美国早期的媒介素养教育中进行了实践。在教育实战中，美国将重点放在对受众尤其是青少年的身心保护上，而缺少针对文本的解读和分析，并且更关注如何控制受众避免媒体依赖问题以及对媒体所呈现的色情暴力等予以批判。

二、认同并解读媒介

20 世纪 60 年代，崛起的大众文化引起人们对大众媒介的反思，由此改变了对媒介一味反对的态度，而意识到大众媒介传递资讯的功用有其值得认同的一面。于是媒介素养教育观也由注重抗拒能力的培养转向辨别能力的培养。此一时期，人们看到了媒介与政治、经济、文化以及社会发展的密切关系，于是，20 世纪 80 年代的后期，英国开始致力于推广媒介素养教育，并使得其成为部分中小学校的必修课。以英国为样本和引领，同一时期的美国、澳大利亚、日本等部分发达国家也开始进行媒介素养教育工作。

美国的媒介素养教育最早起始于 20 世纪 30 年代的广播教育，1969

① 人们对大众媒介最初关注的是它对儿童和青少年的影响。

年美国的全国教育协会通过了一项旨在培养学生对暴力媒介内容的批判思考力的决议，1976年召开的“电视与儿童会议”，提出将媒介素养课程加入中小学课程。1979年，有的州政府也加入推动媒介素养教育。

1989年，由美国教会组织在洛杉矶建造了“媒介与价值中心”，在1994年后改为“媒介素养中心”，并成为全美媒介素养教育的佼佼者，每年都会举办全国性会议，在民间非营利组织、媒介内容制作者与学校教师之间建立起网络，相互分享信息与技能。20世纪90年代的美国媒介素养教育达到兴盛，十几个州共同响应推动媒介素养教育。如今的美国，媒介素养教育课程已经作为独立的课程或英语语言课程内容成为中小学生的必修课。

美国的邻居加拿大也是世界范围内媒介素养教育较为成功的国家之一。早在20世纪60年代，电影课程已经纳入加拿大中学教育，加拿大的第一次媒介素养教师大聚会是1966年，第一次媒介素养教育浪潮在20世纪70年代初期结束以后，紧接着的80年代、90年代新的浪潮重新掀起，同时声势浩大的媒介素养教育运动开始了。

媒介素养教育一旦被官方认可即进入实践流程，加拿大即是如此。20世纪80年代末，加拿大安大略省首先以司法形式最先将媒介素养教育确立为必修科目，而其“媒介素养教育核心概念”。也得到世界范围内的认可。在安大略，媒介素养教育课程以融入其他课程方式分三个阶段展开：一是1—8年级融入语言课程中，二是9—10年级融入英语教学中，三是在11—12年级的英语教学中开设媒介研究课程。不同阶段的媒介素养教育有其不同的教育内容。不同的教育内容下，又根据年龄差异设计应达到的不同教育目标。与美国相比，加拿大的媒介素养教育课程标准与美国相同之处在于均是依据年龄进行分类，但因加拿大课程标准的分层更为明显，从而使得它的媒介素养教育内容显得具体而又全面。

加拿大的媒介素养教育课程主要以三种组织形式展开。一是侧重于特定媒介的优缺点及特性的媒介介绍；二是就某个特定话题或事件在不同媒介的呈现而进行主题讨论，三是针对某一媒介或特定媒介主题的讨论研究。包括短期培训项目和学位申请项目在内，早在1987年，已有多家院校开展媒介素养教育。20世纪90年代以后，通过媒介素养教育协会，以视读和理解信息能力以及批判性思维的建立来建立青少年的正确媒介素养观念。1997 年，“加拿大西部基础语言教育与艺术教育合作协议”从四个方面阐述了大众传播时代对于传媒文本的相关观点和学生对其应具备的能力，包括以下思想：其一，大众传播文本除对印刷文字外，还应对口头语言和视觉语言进行课堂讨论研究。其二，文本的不同媒介传播会对文本本身产生不同影响。其三，应培养学生制作、理解和应答所有形式文本的能力。其四，学生应通过各种方式对不同形式的传媒文本进行具有批判意识的自我理解，这应是一个人的重要素养。在一个科技发达的社会，学生需要学会通过不断增加的、日益多样化的资源渠道来选择、理解和整理思想和信息。通过对口头的、印刷的和其他媒介的文本学习，学生可以体验、了解和感知各种情境、人群与文化所透露的信息，并从中认识自我。经过 20 年的努力，加拿大媒介素养教育取得了令人瞩目的成绩。21 世纪以后，媒体素养又作为独立课程进入从小学到大学的学生课堂，并以国家教育法予以确立。同时建立了相关学科研究机构并每年举办学术会议。

欧洲的媒介素养教育已在一些国家按规定实施。实施中要求要么专门开设媒介素养教育课程，要么将媒介素养教育融入其他学科教学，德国更是积极构建媒介素养的终身教育体系。早在 20 世纪 70 年代，德国已经建构公民的媒介素养教育相关体系。不仅教师鼓励学生接触不同的媒介并认识其特性，而且媒介批判也被引入学习艺术或接触视觉传播的学生的课程中。2012 年，德国确立了媒介素养教育的五大目标和相关课程标准。2017 年数字教育计划的实施，其目的在于推动基础教育、职业教育和高等教育的数字化转型。针对媒介素养教育，德国又分别于 2018 年 9 月推出了《高科技战略 2025 规划》、2019 年推出了“数字化转型 4.0 计划”，并于 2019 年实施了“学校数字公约计划”，这些计划旨在接轨数字时代最先进的技术。同时，德国媒介素养教育还关注学生之外的在职人员，为他们提供较多的数字化培训。联邦政府委托开展“日常培训中的数字媒介”在多个城市的路演，为参与者提供体验新型数字媒体的机会；而政府之外的媒介行业也积极参与围绕媒介发展、媒介政策、媒介产品制作及传播方式等方面的媒介素养教育宣传，对受众开展媒介启蒙。

大洋洲的澳大利亚可谓当代西方最重视媒介素养教育的国家之一。

媒介素养教育是几乎所有州的必修课，并对课程制定了具体标准。除对学生媒体文本学习结果与指标有明晰标准外，还对学生的媒体文本解读与批判能力依据其媒体思维发展进行逐级评价，并对其媒体阅读程度进行逐级规划。就学前教育到小学四年级的低年级学生而言，通过视觉和声音的方式训练学生的媒体思维，关注媒体文本的形式而非内容，侧重学生媒体视觉思维能力的发展。如：学前教育结束时要能够识别书籍等印刷品的页码、作者、标题、封面、插图作者等。二年级结束时要能够识别电视或电影的片头、片尾字幕以及文本所提供的出版信息，以了解制作者，或者能区分演员和剧中人物。四年级结束时，要能够阅读并描述书面文本以及广告、电影、光盘等非书面文本中的视图或识别广告、图画书和杂志等文本中的模式化的描述。五至八年级的中年级学生则要求其多角度理解复杂的媒体文本内容及其建构形式，训练其倾向文字的媒体思维。九至十年级的学生批判性媒体思维不断发展，训练学生分析、质疑和批判一些媒体文本的价值观和假设。例如，要求学生能够阅读与某个争端有关的大众传媒和电子文本，尝试对一些观点做出评价或依据文本建构的社会文化背景分析不同文本对社会问题的不同阐述。除了学生，对教师的媒介素养教育亦尤为重视。首先是通过在大学开设媒介素养教育课程的方式鼓励教师获取相应教育学位。再者就是通过“澳大利亚教师媒体”组织成员轮流组织全国性会议讨论媒介素养教育相关问题的方式推动教师在该领域的探索思考。

拉丁美洲的智利，其媒介素养教育的发起组织主要有“基督教会和传播行为研究中心”以及“教育普及中心”，帮助青少年发展对媒介的批判性思维和制作传媒产品能力以及自我的传播实践管理能力是其主要媒介素养教育目标。因此，教会所办私立学校和所隶属社会团体常常会举办媒介素养教育活动，而智利另一个倡导媒介素养教育的非政府组织是设在智利圣地亚哥的“文化、艺术表达与研究中心”，国内和其他拉美国家进行媒介素养教育的读物多由它出版。

亚洲的媒介素养教育以日本的开展比较早。屏幕教育是其最早的媒介教育形式，主要是电影和电视内容评析，以帮助儿童了解和正确认识大众传播。20 世纪 70 年代中期，加拿大的《安大略媒介素养教育资源指南》被译成日文，供国内相关人士学习借鉴，同时“儿童与公民电视论坛”等民间团体也通过组织会议和专题研究的形式进行倡导。

三、媒介素养教育的新趋势——深度推进与全球扩散

20世纪90年代中期以后，随着计算机网络的发展，大众媒介与人类关系的密切程度越来越增强，媒介素养培养的意识已经深入人心，媒介素养趋向全球扩散。通过国际组织推动，发达国家的媒介素养教育开始向广度拓展、深度推进；发展中国家的媒介素养教育则也初步实施。

联合国教科文组织早在20世纪70年代就为媒介素养教育的推进进行了积极的努力。该组织曾于20世纪80年代依次出版了以《媒介教育》为代表的大众媒介读物。

1992年发表的《世界交流报告》中，也设专节对媒介素养教育的国际趋势和亚太地区、欧洲和拉丁美洲等地区的媒介素养教育状况予以介绍，并提供25种媒介素养教育论著索引。2008至2009年，该组织又在世界各地成立并资助了12个“信息素养教师培训工作坊”。已召开过数次大会的“视听传媒教育欧洲协会”是成立于1989年的欧洲各国媒介素养教育组织，此外，尚有“国际天主教广播电视和音像协会”“国际教育媒介理事会”等国际性相关组织。

20世纪90年代中期的美国已有12个州的教育标准中写入媒介素养教育的内容。1996年，《英语语言艺术标准》媒介素养纳入了自己的目标。到2004年，媒介素养教育被全美50个州全部正式纳入课程体系。2009年，《媒介素养教育》杂志的创办为媒介素养领域的研究和实践提供了学术交流的土壤。同年，美国总统奥巴马宣布10月为全国信息素养意识月，鼓励教育机构和社区帮助公众分辨信息的虚实，评估信息的真伪，认识信息的重要性。正是政府、学术机构、教育界以及社区的共同努力使得美国的媒介素养教育走向深入。

英国早在20世纪80年代后期，媒介素养教育已成为部分地区小学的必修课。到2000年，全部中学都开设了该课程，并成为考试科目，从此，学生必须接受解读分析媒介的教育，如今已经发展成系统的媒介教育体系。

进入21世纪，日本的电视节目制作被纳入文部科学省的媒介素养课程，开展了“无电视日”“无游戏日”等教育活动。同时，涵盖小学、中学、大

学乃至步入社会后的各教育阶段的系统性媒介素养教育已经实现了对不同群体的全历程覆盖，更有相关的教师培训安排。近年来的“ICT 媒介素养教育”在日本总务省的提出，更是为智能手机和社交媒体时代的人们了解网络平台信息服务的机制，了解信息茧房效应、回声室效应、过滤气泡等知识提供了培养渠道，使得人们甄别和遏制谣言的意识得到提升。

韩国的媒介素养教育特色通过《中小学信息通信技术教育课程开发指南》得以体现。该指南首先明确其创新知识和增强解决问题能力的教育出发点，然后强调学校教育对于这种能力培养之重要，并强调这种能力不仅是操作能力，而且是利用操作能力解决各种问题的能力。

目前，方兴未艾的媒介素养教育运动正在全世界范围内蓬勃开展，一些媒介应用比较发达的国家已将媒介素养教育纳入正规的教育课程，甚至已建构系统性的媒介素养教育体系，而一些非工业化的、大众传播业不发达的亚非国家媒介素养教育仅处于萌芽阶段或尚未开启。

总之，中国之外的世界范围内媒介素养教育整体呈现如下特点。

（一）世界发达地区的媒介素养教育已得到广泛普及

加拿大早在 20 世纪 60 年代，电影教育课程就已在中学蓬勃发展。“荧屏教育”（Screen Education）开启了加拿大的第一轮媒体素养教育的浪潮，其主要推动者为“加拿大银幕教育协会”（Canadian Association for Screen Education）。此后不久，媒介素养教育课程进入小学课堂。但由于财政以及社会理念的影响，第一次浪潮在 20 世纪 70 年代偃旗息鼓，经历 70 年代、80 年代的相对沉寂之后，80 年代到 90 年代的加拿大媒介素养教育重新进入快速发展期。该国先是通过教育立法，各省从小学到大学均把媒体素养作为独立课程进行设置。安大略省可谓北美地区将媒体素养教育作为必修课给予司法确认的开创者。该省教育部门制定指导方针，强调媒体素养教育作为普通英语课程组成部分的重要性，并陆续制定政策以加强媒体素养教育的地位。目前，加拿大的媒体素养教育拥有完整的课程教育体系，课程开设具有针对性，几乎所有大学都开设该课程，且每个省都有媒介素养教育协会，定期召开会议、出版期刊、交流资源。

作为最早关注媒介素养问题的国家，英国从 1989 年开始制定政策支持媒介素养教育工作，同年，英国教育部建议将媒介素养课程纳入中小学课程。而经由英国电影研究院的积极推动，媒介素养首次成为英格兰、威尔士地区中学课程体系中的一部分，以与语言教学相结合的形式出现在中等学校，后又以跨学科的特色嫁接到历史、地理、艺术、科学等科目中。2003 年英国建立了国家电讯局负责管理英国的传媒业，且承担与英国教育部一起合作提高公民媒介素养的义务。媒体教育成为课程核心、并参与教育证书考试以及进入高等教育并成为传播教育研究的重要领域，这些方面均显示出英国对媒介素养教育的重视程度。至此，英国媒体素养教育已经覆盖从小学到中学再到大学的全过程，并逐步成为终身学习的重要内涵，成为正式教育体系中有名有实的教学科目。

（二）以学生、教师、民众为对象的形式多样的媒介教育实践

成功的媒介素养教育国家对媒体知识的普及方式往往是综合性的。不仅可以来自教育部门，也可以来自非政府组织，乃至公益机构和基金会等均可成为媒介知识的传播者。值得一提的是美国的“媒体与家庭国家研究所”在媒介教育实践上的努力，它长期致力于服务美国家庭，并通过为父母提供所需信息，帮助他们更好地教育培养子女，还通过定期举办各类媒介教育活动来传播媒介知识。

（三）媒介素养教育具有明显的针对性

这种针对性特征首先体现在媒介教育的课程安排上。美国、澳大利亚等一些国家的媒体素养教育课程设计善于根据少年儿童的年龄和层次而设计不同的难度和教育重点。澳大利亚的情况前文已述，而美国媒体素养的教育针对儿童、初中生、高中生和成人四个层次展开。

就儿童来说，主要指幼儿园到小学五年级学生。教育内容涵盖了解并辨识广告的心理影响、区别事实与虚构、辨识理解不同或相对观点的呈现、理解电视节目的形态与内涵，了解电视与印刷媒体之间的关系，区分节目的元素如配乐、特效、化妆、布景、道具等，对自己的电视观看行为有所了解并给予评估。

就初中生而言，主要指六至八年级学生。教育内容主要围绕“如何看电视”的相关主题，包括：电视与我们的生活、电视戏剧的组成元素、屏幕之后的相关主题（电视摄影技术、不同的电视节目形态、电视的劝服意

图、如何分析电视新闻、节目的播出与“黄金时段”)、了解自己对节目的喜好所在、如何事先过滤电视节目的好坏、如何成为一个具有批判能力的电视观众，等等。

就高中生而言，主要指九至十二年级学生。美国的“远西教育研究发展实验中心”曾发展出一套适用于高中生的媒介教育课程。教育内容重在培养高中生批判性观看电视节目的能力，包含评估并管理个人的观看行为、能对电视节目的内容有所质疑、能辨识电视讯息的劝服意图、能意识到电视对人类生活的各种可能影响、能通过电视观看增进家庭沟通等五方面内容。

就成人而言，波士顿大学开发出成人电视批判观看的训练课程，同时针对大学生、教师以及家长三种人群。教育的重点在于由家长与教师开始接受电视素养能力的培养，以帮助他们扮演好儿童电视观看的“守门人”角色。此项计划包含四个主题：透视美国电视工业结构、了解劝服性节目与分析宣传短片、黄金时段节目的结构因素探索、电视新闻消息来源与社会控制的关系。

媒介教育的针对性还体现在各国适应自身的媒介理论应用与变化上。

英国从“文化保护”到“超越保护主义”的媒介教育观。“文化保护”的提出旨在保护本国传统的精英文化，基于对媒介反对的态度之上。而“超越保护主义”则是基于20世纪50年代文化研究在英国的兴起，关于文化的不同观点的提出，文化表达的多元性认知，使得贵族高雅文化和大众日常文化均被平等视为生活方式的构成。正是在这样的文化意味被重新定义的背景下，媒介产品的积极作用也得以为人们所认可，1963年发布的《纽塞姆报告》(*Newsom Report*) 所提出的观点——“我们几乎没有注意电影电视进入和影响人们生活的程度，也没有注意到媒介和文学、音乐、绘画一样，作为个人经历及文化传播方式的重要性及必要性”① ——证明了这一点。也正因此，英国教育与科学部强烈呼吁在中等院校增设电影电视课程。英国媒介教育观进入媒介辨别能力培养，即“超越保护主义”阶段。这种新保护主义依然以意识形态和文化价值为关注核心，强调理解批判与主动参与的有机结合，是一种“进攻性防御”。英国媒介素养

① Half our Future: A Report [M]. London: Ministry of Education, 1963: 79.

教育中“文化保护”的传统起到了有效传承本民族传统文化、价值观和民族精神的作用。

加拿大“文化抵制”的媒介教育观。发展先进的广播电视系统对加拿大的多元文化发展无疑是具有积极意义的，但美国广播节目和电视节目在加国境内的播放，对加拿大文化认同感形成巨大的侵蚀，为保护本国的文化主权，“文化抵制”的政策被制定出来，同时，加拿大教师组织、妇女团体等社会各界积极推进媒介素养教育。在“文化抵制”的理念下，加拿大媒介素养教育体系注重“民族意识”的培养，在培养学生对媒介文化的判断力的同时使其意识到本国文化的重要性，并通过认识本国价值观与美国价值观的区别来培养学生的认同能力。南格伦维尔中学通过不同国家的媒体作品、学生对作品的反应以及学生制作个人作品的形式，强化学生的媒介认识和民族文化认同。“文化抵制”和“积极防御”的媒介教育理念是对邻国文化入侵控制的积极应对与适应。

澳大利亚从“媒介信息思辨”到“多元文化融合”的媒介教育观。多元文化背景下的澳大利亚，其媒介素养教育同时与保护环境、同性恋、女性主义等社会新型问题密切相关，注重与跨文化传播结合，培养国民对跨文化信息的思辨、交流与传播能力也是其重要目标。多元文化融合则关注多元文化的认同与包容，“多元文化融合”理念在不同层次、不同门类学科教学中的融入使得跨文化媒介素养教育逐渐成为缓和社会矛盾、缩短不同族群之间文化鸿沟的有力武器。澳大利亚媒介素养教育是其多元文化政策的重要组成部分，在培养民众多元文化观念，尊重文化差异，提高对文化的批判意识的同时对于民族凝聚力的增进、文化冲突的降低、多元化社会的和谐都具有积极意义。

美国从干预主义到文化研究的媒介教育观。干预主义（Interventionism）强调对媒介所带来负面问题的干预，以保护青少年，维护传统道德，防范暴力等负面信息对思想的侵蚀。相对于其他英语国家，美国的文化研究视角起始于20世纪90年代，文化视角的媒介素养教育体现在教学方法上，是注重学生们的媒介体验尤其是愉悦的体验，反对自上而下的灌输。而体现在课程上即是社会研究、历史、公民学以及消费主义为内容的相关课程的开设。但美国媒介素养教育在保护方面的推动力使得干预主义倾向依然强大。

（四）各国开展媒介教育共同的保护主义目的

各国媒介素养教育的开展会随顺各自不同的国情，但其本质目的却是一致的，那就是保护国民尤其是儿童免受媒介毒害。英国媒介素养教育的倾向体现在英国学者大卫·帕金翰博士1998年发表的《英国的媒介素养教育：超越保护主义》中，论文表明了这样的观点，即：媒介素养教育可作为更广泛民主化运动构成的倾向和教师帮助学生抵制媒体不良信息影响的保护主义倾向。后者隐含的前提是在巨大的传媒影响面前，脆弱的孩子们需要通过媒介素养教育得到保护，当孩子们拥有了分析媒介内容的能力和媒介产业商业化意识，将有效避免媒介带来的腐蚀可能。

关于文化保护主义动机，在不同时期、不同国家和不同文化环境则具有不同的意义。利维斯及其追随者们的保护主义倾向在保护脆弱的孩子免受媒体伤害方面是适用的，因为媒体缺乏文化价值的内容传播。同样，在保护美国文化入侵上也是适用的，因为具有说服力而会得到人们的支持和回应。

依据大卫·帕金翰博士的观点，媒介素养教育缘起于传统文化持有者及青少年监护人的提倡，而非受众自身的觉醒。尽管大众传播因其社会负作用而受到重视，但“第三者效果”的理论假设，即总是忧及他人的老传统促成了媒介素养被传统文化持有者及青少年监护人所关注和实践的原因。

也是在1998年，美国知名学者瑞妮·霍布斯的论文《媒介素养教育运动中的七大分歧》发表了，它归纳分析了当代媒介素养教育理论研究与教学实践中存在的七种主要分歧，霍布斯认为，人们对七种问题的争议与选择，将在很大程度上决定媒介素养教育运动的未来走向与格局。在瑞妮·霍布斯提出的问题中，暗含着这样的逻辑：媒介素养教育的对象不仅是青少年，而应该是所有的大众媒介阅听人。

社会的传统文化持有者由于担心大众媒介所提供的“低水平满足”的信息会影响到青少年对于传统精英文化的认知和继承，力图采用“保护主义”的措施，增强青少年的抵御能力。“第三者效果”理论及媒介素养教育初期的实际表明，对于青少年乃至公民媒介素养水平的重视源自传受系统之外的社会动力，是文化新旧层面之间的势差所致。这一方面因为当时大众传播的内容和覆盖面较为狭窄，大众媒介的发展还较不成熟，另一方面，文化的历久弥坚的惯性使这种“保护主义”的文化特权阶级的忧虑直至今天也并未走出历史，一些经济、政治仍处于“发展中”的国家和社会中，保护主义的观念还占据上风，对信息、文化全球化趋势存在抵触。

美国的媒介素养思考角度除了文化批判外，更多是基于社会秩序维护等实用主义角度，理性特征明显，如：对色情暴力的抵制、建立在实证经验基础上的媒介素养实践。在美国这样的文化价值多元国家，“保护”主义色彩远没有英国等国家那样浓烈。

媒介素养的理念在时光的流逝中几经“进化”，从最初的“抵制不良媒介文化的能力”到“媒介判断能力和选择能力”，媒介素养一直在学者、专家、决策者的探索中不断前进。面对大众媒介的膨胀，欧美国家依据自身的文化背景各自采取了适合自身的媒介素养研究和教育措施，这不仅是其媒介素养产生和发展的历史必然，且反映出一种多样化的文化态度，由此启发我们要结合本民族的文化实际进行相应的媒介素养教育理念设计和实践运用。

第四节　世界媒介发展趋势促推中国媒介素养教育

当媒介无处不在地充斥于人类的生活，当媒介与人类之间的关系愈加密切，人们的媒介素养教育意识便越来越觉醒。在当今世界，大众媒介像神经一样蔓延到社会的每一个角落。重视媒介素养教育已成为全球共识。这场轰轰烈烈的全球媒介素养教育运动整体呈现如下特征：

第一，全球化。旨在通过教育、科学和文化促进各国合作的联合国教科文组织同样认识到大众传媒可能会产生包括操控公共舆论在内的消极影响，因而该组织将媒介素养教育目标重点放在建立民主的、高质量的大众媒介传播体制上，而非仅是应对各种大众媒介上。经由该组织推动，媒介素养教育已成为全球性的文化运动。

早在20世纪七八十年代，针对青少年的媒介素养教育已在全球不少国家和地区普及，更在一些媒介发达国家形成一定规模。英国、澳大利亚、法国、加拿大、芬兰等国已将媒介教育正式纳入正规的教育课程，对中小学生进行普及教育。日本、印度、韩国等亚洲国家也开始结合自己的国情普及媒介素养教育。

第二，课程设置形式多样化。全球范围内的课程设置多样化主要体现在以下四个方面：一是将媒介研究作为一门独立的科目；二是将媒介研究作为某一科目中的一个组成部分；三是把媒介教育融入所有的科目中；四是将媒介研究作为一门整合的、跨学科的课题。而这种形式不统一的形成在于各国文化传统和社会背景不同所致。

第三，社会化。社会化主要体现在参与媒介素养教育者不仅包括不同的学科和机构，还包括大量的社会工作者、教育者、媒体专业人员乃至父母。而在非政府组织加盟者中，“国际教育媒介理事会”极具代表性，作为一个国际性组织，它的成员主要来自欧美的33个国家，它的目标是积极推进媒介素养教育，它的会刊《国际教育媒体》还以定期举办讲座等方式来推进人们的思辨力形成。

第四，网络化。目前，在互联网上，只要搜索，就可以搜到许多公益性媒介素养资源信息。其中办得较好的网站，如香港传媒教育计划、复旦大学媒介素养小组等，还有其他外文网页，为全世界的人们提供了丰富的媒介素养共享资源。

第五节　法兰克福学派的理论启示

有学者认为，在信息传播时代，报刊、广播、电视、网络已成为青少年乃至成年人的第二课堂。实际上，信息社会中的青少年，接触大众媒介的时间远远超过在课堂上的时间，而成年人接触大众媒介的时间又超过青少年，因此，今天的大众媒介可能已成为人们的第一课堂。

媒介为我们构筑了现代生活的外部世界，然而这又是一个虚拟的、变形的世界。这种经过精心建构的“媒介现实”与现实的真实情形有很大区别，并不具有普遍性和代表性，很大程度上是第二现实，是“虚拟的现实世界”，或是“象征性的现实”。之所以如此，是因为媒介自身的身不由己。

一、大众媒介的外部控制力量

尽管“传播批判研究不是特指某一体系分明的研究派别，而是包含了许多不同的流派和主张”①，但是对于媒介控制的批判，思考得最为深入的无疑是法兰克福学派的媒介控制理论。

法兰克福学派从宏观入手，强调用一种整体的眼光把大众传播与社会环境联系起来进行考察，尤其重视大众传播制度与整个社会、政治统治以及意识形态之间的关系。法兰克福学派的媒介控制思想，主要体现在对“媒介的被控制”，即“谁控制着媒介”“为何控制”以及“媒介控制什么”“媒介如何控制”“控制的后果”等问题的考察上。媒介的被控制，是指国家对媒介的控制，指的是媒介作为国家权力的一种舆论控制工具对社会的控制。前者是国家对媒介的控制，后者是国家通过媒介对社会的控制。国家对媒介的控制是对社会进行控制的前提，或者说媒介的控制不过是国家对社会整体实施控制的一个手段而已。

霍克海默和阿多诺的著作《启蒙辩证法》揭示统治阶级利用大众传播媒介压迫、愚弄民众的真相，无情地鞭挞作为虚假意识形态帮凶的大众传媒，实际上是对统治阶级滥用媒介权力的批判。马尔库塞指出，资本主义社会文化通过大众传媒的传播而导致了一种单向度的文化产生，这种媒介文化像巫术一样被硬塞进人们的头脑中，造成的却是民众精神的压抑。哈贝马斯把大众传播媒介看作一种公共领域，但是这个理应发挥公共性功能的领域却被国家主义和资本势力所盘踞。

总体来看，法兰克福学派的国家理论包括前期激进的国家理论和后期现实的国家理论两种。尽管两种国家理论发展迅速，其观点也各不相同，对于国家控制的性质和方式也有不同的描述，但他们都认为国家对社会的完全控制是确凿无疑的。因此，不同类型的国家对社会的控制只有方式的不同，功能和效果则是完全一致的。换句话说，国家对社会的全面控制在任何国家类型中都是存在的。

霍克海默与阿多诺曾以斩钉截铁的语气说过：“广播系统是一种私人

① 张锦华．传播批判理论［M］．台北：黎明文化事业公司，1994：1.

的企业，但是它已经代表了整个国家权力，……切斯特农场不过是国家的烟草供给地，而无线电广播则是国家的话筒”。[①] 法兰克福学派认为，在现代发达资本主义社会中，国家权力对媒介的控制非但没有减弱，反而进一步加强了。马尔库塞曾驳斥“信息和娱乐媒介”论：“人们真地能将作为信息和娱乐工具的大众媒介同作为操纵和灌输力量的大众媒介区别开来吗?”[②] 必须记住，大众媒介乍看是一种传播信息和提供娱乐的工具，但实质上不发挥思想引导、政治控制等功能的大众媒介在现代社会是不存在的。大众媒介即使作为传播信息和娱乐群众的过程，它也是国家权力对群众进行灌输和操纵的过程。

法兰克福学派认为，大众媒介的本质是“国家的话筒”，是权力的工具，它的运作过程是受国家控制与操纵的。因此，媒介的外部控制力量的最主要方面就是代表国家的政府。根据法兰克福学派的理论，我们认为媒介的外部控制力量主要存在以下三个方面。

（一）政府力量

由于大众传媒对外部环境的极大的影响，所有政府都在想方设法地控制媒介，以便使自己的主流意识形态通过媒介的传播而成为社会的主导。目前主要有两种情况：其一是政府出资创办媒体，这样政府可以直接掌控媒体；其二是在商业媒体繁荣的今天，政府通过传媒管理法规、政策引导等手段来间接调控众多商业媒体。

（二）企业力量

从全球范围看，企业及其自身所拥有的威力无比的经济能量，正是影响大众传媒的主要力量之一。政治经济学告诉我们，经济基础决定上层建筑。首先，经济的发展决定媒介技术的革新和发展；其次，媒介组织的发展与赢利，目前主要仰仗企业的广告。因此，大多数媒介内容的建构都受到商业利益的驱动。

---

① 霍克海默．批判理论［M］．李小兵，等译．重庆：重庆出版社，1993：230-232，329-330.

② 马尔库塞．单向度的人［M］．张峰，等译．重庆：重庆出版社，1993.

（三）受众口味

一方面，大众媒介为了取悦受众，取悦市场，大量地传播媚俗文化，迎合受众喜好，从而导致大众文化品质不断降低。另一方面，长此以往，这种“低品质”大众文化的大量传播直接影响和制约着受众的品位与旨趣，进而影响和制约着大众媒介品质的提高。

二、大众媒介的内部控制力量——媒介自身的利益诉求

大众传媒千方百计争夺有限的注意力资源——人们的眼球，以求得自身利益的最大化。人们的生活方式和看待世界的方式经由大众传媒重塑，人们对世界的认识直接来自大量媒介信息的引导，人们对外界环境所作判断的正确与否，也直接受制于媒介对这个世界反映的客观度、准确度。然而，媒体呈现给受众的“现实”不是现实世界的本身。媒介信息含有自身的意识形态和价值观，它或多或少地影响受众的意识形态和价值取向。媒介内容是经过少数人制作而成的媒介信息，含有制作者观点的潜台词。媒介信息是通过各媒体特定的语言和美学形式表达出来的。因此，受众只有懂得媒体特有的语言、语法、句法和修辞体系才能提高对媒体传播内容的鉴赏能力和取舍能力。

法国哲学家鲍德里亚认为，铁路所带来的“信息”是一种世界观、一种新的结合状态，并非它运送的煤炭或旅客。同样，电视带来的“信息”，是它所带来的新的关系和感知模式、家庭和集团传统结构的改变，亦并非它所传送的画面。对同样的媒介信息内容，不同群体的受众和个体受众的感受不一。媒体其实是被利益驱使的商业，它的各种信息里有其商业性。媒体不仅是传播各种文化的工具，其本身也成为现代文化的一部分。

三、对大众媒介的几种误识

（一）妖魔化

如上所述，研究广泛的法兰克福学派，其关于大众媒介的思想同样对

世界产生了深远影响，他们研究的领域非常广泛，其思想不管在理论上还是在实践上，都对西方社会产生了久远而深刻的影响。

这一学派对媒介的批判，基本上是以“妖魔化”作为其价值取向的。在他们看来，资本主义社会中的大众传播与媒体是一种“压迫性结构”。资本控制国家、媒介、教育和意识形态，并利用它们达到扩大利润、维持社会控制的目的。其手段是消灭个体的存在，并把个体纳入资本主义体系中。在这里，大众媒介“传播着必要的价值标准，它们提供了效率、意志、人格、愿望和冒险等方面的完整的训练”。①

法兰克福学派还有其以下关于媒介的思想观点：其一，媒介是控制社会、维护意识形态的工具。其二，媒介的意识形态具有虚假性和欺骗性。其三，媒介对意识形态的控制体现在作为意识形态工具来维护意识形态和作为意识形态来维护国家统治。其四，充当意识形态的大众媒介构筑了一个统治者控制之下的全封闭社会体系。在这个体系中的人们，头脑中的批判性思维被剥夺，个人意识融入并等同于社会意识。由此，人成了大众媒介的奴隶。

（二）神圣化

与上述对媒介“妖魔化”基本价值取向相反的则是把媒介“神圣化”。所谓媒介的“神圣化”，就是认为媒介在政治、经济、文化以及社会意识形态等方面发挥的是“正面”“积极”的作用。传播学中的经验学派主要采取的是这种价值立场。

经验学派虽然也要“批判”媒介传播中的一些不健康内容，但是对大众媒介本身，经验学派的基本态度是肯定和赞美的。

（三）模糊化

实际生活中，大多数人对大众媒介内容的认识既不是妖魔化的态度，也不是神圣化的态度，而是一种“模糊化”状态。所谓“模糊化”，是指人们觉察到媒体内容部分真实，部分虚假，但关键的问题是无法分清哪些是真实的，哪些是虚假的。我们把人们这种无法辨识媒介内容的状态，称

---

① 马尔库塞．爱欲与文明［M］．黄勇，薛民，译．上海：上海译文出版社，1987：68.

为“模糊化”。

“模糊化”状态的出现源于人们必要的媒介素养的欠缺，故而媒介素养的重要性凸显出来。

第六节　媒介理论发展与研究方法的启示

一、对媒介效果理论的研究

早期的传播理论认为受众是被动的，先后提出了“枪弹论”和“有限效果论”等理论，其实质就是把受众看作被动的信息接收者，也就是传播者中心论。

（一）“枪弹论”

这是盛行于20世纪20—40年代的一种媒介效果理论。该理论认为：受众过于软弱，就像射击场的靶子，无法抗拒来自大众传播的子弹射击，从而只能消极被动接受其灌输的各种思想内容。大众传媒的力量是巨大的、不可抗拒的。这便是枪弹论。这是在社会有机体思想和工业化理论基础上形成的观点，认为媒介对社会影响巨大。“枪弹论”将传播效果绝对化，将传媒作用不分时间、地点、对象、环境地夸大化，其缺点显而易见。

（二）“有限效果论”

以拉扎斯菲尔德及其学生克拉珀为代表的美国传播学者通过大量实证调查研究，推翻了早年“枪弹论”的观点，认为媒介在影响人们方面所起的作用相当有限，其代表学者克拉珀更提出：媒介对人们的态度和观点起着调和的、中介的作用。

拉扎斯菲尔德在其著作《人民的选择》《个人影响》等中关于“传播流”的研究，提出了“两级传播”和“意见领袖”的观点。霍夫兰的说服效果研究、罗杰斯的“N级传播”研究、约瑟夫·克拉珀的《大众传播的效力》等成为该理论方面的经典。

（三）效果研究的转折——对长期效果的研究

不管是“枪弹论”还是“有限效果论”，过度关注一个有限范围的效果，难免有失偏颇。于是，这一时期的效果研究从偏重于战争或选举期间的个人短期效果研究转向了更广阔社会范围的长期效果研究，研究关注点也从对认知、态度、感情的研究转向对环境、倾向和动机之间互动关系的研究，如对意见的趋势、信念的结构、意识形态、文化模式和媒介规范等的研究。另外，效果研究也与传播内容的加工制作研究相得益彰。

（四）重新认识媒介的力量

这一阶段，对媒介拥有强大的效果这一观点有所发展。研究者认为媒介是通过建构意义反映世界，并把这一建构以一种系统的方式提供给受众，这个过程通常受到一些社会利益群体和受众的社会背景的强烈影响。

这种研究的突破也表现在方法论的转移，尤其是脱离了定量分析的窠臼。有的研究者甚至认为这是“行为主义效果研究的破产”。新研究阶段的起源是多种多样的，与过去的研究有很深的渊源。这种新的思想也与早期的枪弹论有非常相似的方面，包括诸如意识形态理论、培养理论、沉默的螺旋理论等。这些效果研究有两个主要的信念。第一，媒介以一种可预测的方式通过构造现实的图像来构造社会信息和历史本身。第二，受众通过与媒介提供的象征性的建构进行相互作用来为自己建构对社会现实的看法和自己的定位。这种方式使媒介的权力和受众的权力在不断进行相互选择。

到目前为止，许多研究都在这个框架内运作，注意力主要集中在媒介如何与社会中重大的活动相互作用。当然这种建构不能取代所有以前对媒介效果的阐述。传播效果的调查必须是在一个社会背景中，而且传播效果最终是在复杂的社会事件中通过许多参加者的大量行为和认知而得到结果。这种方法可以适用于许多假定的环境影响因素，特别是关于舆论、社会态度、政治选择、意识形态和许多问题等。

二、对“使用与满足”理论的研究

“使用与满足”理论是站在受众的立场上，把受众看作有着特定需求的个人，基于特定的需求动机，他们接触媒介，并使需求得以满足的过程。

（一）早期的“使用与满足”研究

早在1944年，哥伦比亚大学广播研究室的赫卓格对广播节目的使用形态进行了考察，他对11名热衷于广播节目《专家知识竞赛》的听众进行了详细的访谈。他发现，尽管是同一个节目，人们的收听动机、欣赏的侧重点以及获得的满足却不相同。他认为，有三种基本心理需求使得人们喜爱知识竞赛节目：竞争心理需求、获得新知的需求、自我评价的需求。

赫卓格考察的第二个项目是研究100名听众收听广播肥皂剧的动机。结果发现，人们收听肥皂剧的动机有多种原因。有的是为了“逃避日常生活的烦恼”，有的是为了“寻找梦幻般的感觉”，有的则把肥皂剧当作日常生活的教科书”，等等。这既反映了听众动机的多样性，同时，多种多样的目的使得他们拥有不同的心态来接触媒介。另外，也说明即使同一档节目也会具有多种功能，甚至会有料想不到的功能。

最早针对印刷媒介展开使用与满足理论进行考察的是贝雷尔森。20世纪40年代，贝雷尔森分别对图书、报纸等印刷媒介做了一系列长期跟踪调查，并写出两篇研究论文。贝雷尔森指出，人们对书籍的使用受到性别、年龄、学历、职业等因素的限制和影响，因此人们的读书动机并不相同。不过，也有一些普遍存在的读书动机，如追求书籍的内容对学习、工作和生活的参考和利用价值的“实用动机”或者是解消疲劳、获得休息的“休憩动机”或者是通过谈论读书内容以获得他人称赞或尊敬的“表现动机”，等等。人们对报纸的需求原因也大同小异。

20世纪40年代的“使用与满足”研究虽具开创性，但仅进行了基本类型归纳，没有进一步的理论突破，方法上也仅以访谈记录为主，没有形成较严密的调查分析程序。

（二）对“使用与满足”过程的研究

卡茨对“使用与满足”的过程的研究，把传播效果研究推向了深入。日本学者竹内郁郎在对卡茨研究进行补充的基础上提出了“使用与满足”过程模式。

不过，有学者指出“使用与满足”研究也有它的局限性①。

（1）“使用与满足”理论指出了受众在传播过程中的能动作用，但这种能动作用是有限的。

（2）它脱离了传播媒介所传播的内容的制作、生产和提供过程，只是单纯地考察受众的媒介接触行为，因而该理论不能全面揭示受众与传媒的社会关系。

（3）过于强调个人和心理因素。

三、麦奎尔的“社会—文化”传统研究

1994年，英国学者麦奎尔在《麦奎尔大众传播理论》及随后出版的《受众分析》中提出，在受众研究领域，除了结构传统、行为传统之外还存在着第三种传统，即“社会—文化”的传统。这一传统主要包括：批判研究、文化研究、接受分析。批判研究紧扣统治权力和传播媒介的关系问题，揭露权势集团是怎么操纵和控制传播的。但对受众研究而言，只不过是引起研究者对受众的重视。

麦奎尔把受众研究的“社会—文化”传统的特征概括为：①受众从媒介提供的文本中构建意义，获得愉悦。②受众感兴趣的是使用媒介的过程及其展现的方式。③不同类型的受众构成不同的解释共同体，有共同的经验、话语意义形式和构建媒介意义的框架。④受众从来不是被动的，受众成员彼此也不平等，其中一些比另外一些更主动、更有经验。⑤研究方法是定性的、深入的，注重内容、接受行为和接受环境，常常被称为“民族志”方法。

关于结构传统、行为传统以及“社会—文化”传统，其具体差别如表4-1。

---

① 郭庆光．传播学教程［M］．北京：中国人民大学出版社，1999.

表 4-1　三种研究传统比较

	主要目的	主要材料	主要方法
结构研究的传统	描述受众构成，展示其社会关系	社会统计的数据	调查、统计分析
行为研究的传统	解释和预测受众的选择、反应和行为	动机选择性行为反应	调查实验，心理测试
“社会—文化”的研究传统	理解内容接受的意义及其在语境中的使用	意义接受社会文化环境	人类学的、定性的方法

四、关于研究方法的思考

上述大众媒介理论发展进程向我们展示了由“传者中心”转向“受者中心”的发展过程。麦奎尔的“社会—文化”传统则明确强调受众。但当前关于受众的研究不管是结构研究还是行为研究，也不管是经验学派还是管理学派，并不是站在为了理解受众而去了解受众的出发点，而多是出自操控目的而去获取关于受众的知识。尽管目前的媒介研究从表面上看呈现了以受众为本位的趋势，但并没有改变主流传统，更没有改变实践中以传播者为中心的传播格局。从大众媒介在贵州民族地区农村的传播情况来看，目前“传者中心”的传播格局，脱离了贵州民族地区农村实际，形成了传播资源的某种程度的浪费。因此，本研究树立“受众中心”观念，一方面从考虑村寨群众的实际需要出发，彻底改变目前的传播格局，另一方面研究并分析他们的媒介素养现状，通过提高他们的媒介使用能力来促进民族团结进步创建的开展。

第二章　国内外媒介素养教育实践经验的启示

生活在深受媒介影响和渗透的信息化时代，面对媒体世界的复杂多变，如何培养和提高受众的媒介素养能力的问题受到了世界各国政府和学术界的关注和研究，因此，包括发展中国家在内，尤其是发达国家，其媒介素养教育实践的经验积累都是相当丰富的。

第一节　媒介素养教育的内容探讨

“媒介传播效果对人的影响就像天气对人的影响一样，它无处不在，无时不有，且存在形式多种多样，如有时使人颤抖，有时使人浑身湿漉，有时还会使人灼热无比。”[①] 詹姆斯·波特的这句话让我们感受到了媒介对人们无处不在的影响，就像天气与人之间关系之密切。詹姆斯·波特的这比喻让我们从新的角度去看待媒介的影响，即无论我们走到哪里，都摆脱不了媒介，就像摆脱不了天气一样。通过接受媒介素养教育，培养自己正确使用媒介以及抵御媒介不良影响的能力，知道何种信息会对人的观点和行为产生何种相应结果，以此来提高自身的思考能力、鉴别能力、欣赏能力和自我控制能力。总而言之，建构适应中国国情的媒介素养教育，就内容而言可考虑以下三个方面。

① 詹姆斯·波特．媒介素养［M］．北京：清华大学出版社，2012.

一、顺应社会现实，建构公众与时俱进的媒介知识结构

长期以来，人们对媒介知识的了解和对媒介素养的要求来自社会对媒介的本能反应。媒介文化的变迁，需要其接受者的素养结构作出相应的调整。媒介素养结构动态化调整是大势所趋。全球化促成了文化的整合，也促成了学科的整合，于是，那种建立在传统媒介文化与学科知识基础之上的媒介素养结构显然不能适应形势需要。社会现实需要公众的媒介素养有所响应。

过去人们关于媒介的知识多半是建立在对传统媒介的认识基础上的，当今固然需要人们对传统媒体社会功能有进一步深入的了解，同时还需要对新媒体的性能、相关知识、社会影响做必要的了解和掌握。因为日新月异的数字技术、多媒体技术、光缆技术等已逐步缩小了真实与虚构的差距。如今媒介在吸引人们视听感觉器官、塑造媒介真实方面着力颇多，哪些是真哪些是假需要我们建构起全新的媒介知识结构，这样对新媒介的技术才会有充分的了解。

二、培养批判能力，建构公众媒介内容抵御与借鉴并举的媒介反应模式

作为组织形态的媒介极具复杂性，欲正确解读媒介所显示信息，首先要全面深入了解它的提供者——媒体组织。因为作为媒介内容的主宰者，媒体是一个具有复杂性质的复合体，对它的解析有助于对其所创造的媒介文化的解读。全球化背景下，文化消费所带来大众传播社会目标与经济利益的冲突，可能致使大众媒介抛弃社会目标而带来公众的价值错乱、读写能力的下降、独立思考能力的丧失、个性化创作能力的退化。公众的批判性文化接受观念在此时尤为重要。文本分析、批判能力的建构，使得公众不仅具有主动接受高质量媒介信息、摒弃垃圾信息的意识，客观评价外来文化，对其吸收精华摒弃糟粕的意识，以此建立公众自发“解毒”负面信息的能力，从而实现媒介素养教育目的：促使社会大众具足自我保护意识和明辨是非良莠之能力。

三、转换市场定位，顺应不同群体公众的消费习惯

以受众为着眼点，在把握其消费习惯和个性化需求的前提下进行市场定位，对于媒介素养教育无疑是有利的。不同消费群体的公众，其信念、价值观、生活方式及其接受信息的情况会有明显差异，因此，针对受众客观实际来细分媒介市场有其必要性。针对不同公众进行适应其特点的具体服务规划是细分市场的体现，除要满足公众的一般需要，还要重点开发特色项目，强调公众的参与互动，以不断提高公众的媒介素养。

第二节　媒介素养教育体系的建构模式分析

由于媒介素养教育体系的建构是一个完整、科学的系统工程，对其建构主体进行层次的划分，使各个主体各尽其责，这样，媒介素养教育才能得以有序开展，同时，对媒介资源的占用和使用的不均衡，使得不同民众在整个体系建构中所起到的作用是不同的。目前，一种为多数人所认可的模式，是将此建构分为媒介机构、社会组织和广大受众等三个部分。

媒介机构是媒介素养教育体系的实施主体。媒介机构生产和传播媒介信息，占有媒介资源，它既是媒介素养教育的实体样本，又是媒介素养教育中最具优势的主体，是受众接受信息的重要渠道。媒介机构自身的行为就是全民媒介素养教育的“教科书”，同时媒介机构又可以最大程度地宣传和普及媒介素养知识。这既是媒介机构建构媒介素养教育体系的过程，也是提高媒介素养的过程，并因此来规范媒介行为。

社会组织是媒介素养教育体系的环境主体。加强媒介素养教育也需要在体制上有政策的制定者和监督者，即政府和相关教育管理部门这样的社会组织。社会组织具有如下特点：其一，与媒介机构的关系密切，且可以管理媒介、拥有媒介或使用媒介。其二，在媒介素养教育实践中，各种社会组织可以形成一个网络状的立体环境，与媒介机构交互作用，产生合力。其三，社会组织可以利用自身的经济能力和政治能力，从政策上指导媒介素养教育体系的建构，并在实践中推进媒介素养教育的实施。

广大受众是媒介素养教育体系的动力主体。广大受众不占有媒介，但却是最终决定媒介能否生存的关键因素。受众对媒介的传播行为最有发言权，媒介素养教育也正是为了保护受众的利益而开展，因此，受众可以评判媒介素养教育体系的科学性，可以决定媒介素养教育的发展方向，并成为媒介素养教育的最终受益者。

媒介素养教育体系的建构要求各个层次的主体利用自己的优势，采取不同的建构方式，全方位同时推进媒介素养教育，促进全民媒介素养的提高。

一、媒介机构

首先，媒介机构自身要提高媒介素养。由于媒介内容会对受众认知产生深远影响，故而媒介内容生产至关重要。由此也对内容传播者的素养提出了更高要求。其一是专业技能要求。内容传播者不仅要具备选择、编辑和传播信息的能力以及媒介批评能力，而且会进行事实报道和事实分析，以引导受众认识事实。其二是职业道德操守。内容传播者应清楚自己职业之重要性，坚持实事求是，必要时替受众挖掘事实真相，且不迷惑于事件表象，内容传播者还应具有维护媒介公信力的职业责任感，杜绝有偿新闻，杜绝利益驱使下的虚假信息传播。

其次，发挥媒介机构所拥有媒介的传播优势。不同媒介机构的媒介传播都有其各自的优势，如：广播电视等大众媒介具有受众面广、影响力大、表现形式多样等优势，可作为媒介素养教育的重要手段。媒介尤其是媒介的传播内容会对包括媒介素养在内的公民的综合素养的养成发挥重要作用，可以影响和改变人们的一些观念。因此，可在媒介上开设媒介素养教育专栏或设置专门频道，通过频道或栏目来普及媒介素养知识，推广媒介素养的概念和内涵，呼吁受众关注并参与媒介素养教育，促成全社会对媒介素养重要性的认识，从而可以通过自觉行动来提升自己的媒介素养，完善自我素质。

再次，媒介机构要创造受众参与了解其内部机制的机会。在这一点上，以往的国内经验如下：第一，让受众发现并参与新闻。依靠这样的实践，受众能够明白可成为新闻来源的事件特点及其采制表现形式。第二，让受众参与媒介产品编辑制作。鼓励受众参与制作有价值的、符合自身风格的作品，加深受众对媒介产品制作流程的认识。第三，与受众积极互动。媒介机构可定期组织受众参观报社、电台、电视台、融媒体中心等媒介机构，使受众在总体上了解媒介机构的运作；制作节目时也可邀请受众参与，为他们创造在媒介面前表现自我的机会；开展受众调查，调整自身的传播行为，了解受众的关注点；树立为受众服务的意识，重视受众的反馈信息，建立互相信任，友好沟通的关系。

最后，不断完善媒介制度。奖惩严明的内部制度对于规范媒介自身的传播行为意义重大，不仅可以通过制度明晰媒介的工作方向和内容重点，突出媒介的特色，而且可以通过制度促使媒介工作者遵守规范落实责任，避免失实信息和错误信息的产生，促进媒介内容更加专业。

二、社会组织

媒介素养教育是一个社会化的系统工程，需要通过多种途径来实现。而社会组织便是媒介素养教育的重要手段和渠道。社会组织包括政府、教育科研机构和民间团体。

政府组织。首先要制定有利于媒介素养提升的相关法令政策，完善各种相关的法规，约束媒介传播行为，营造良好的媒介素养教育所需社会环境。例如广电部出台的电视剧限播令，我国台湾地区实行的电视分级制度等，既维护了儿童及青少年身心健康，又兼顾了社会大众的收视权益，同时也尊重了电视从业人员的创作空间。其次，要持续关注媒介素养教育，对媒介素养研究给予资金和人才支持，并积极推进社区的媒介素养活动，使媒介素养教育深入基层群众生活。

教育科研机构。第一，高等院校的广播电视新闻传播专业要为媒介素养教育培养专业后备人才。目前中国新闻传播专业的课程设置多是基本的专业教育，媒介素养教育、传媒伦理法规方面的课程虽有设置，尚有待进一步加强，以为媒介素养的开展培养后备人才。第二，大力推广媒介素养的普及性教育。就中小学而言，不仅将媒介素养教育逐步融入中小学教育，还要在不改变原有课程设置的情况下在语文、历史、政治等学科加入媒介素养的内容。就高校而言，有必要开设全校选修课，课程的重点不在于媒介技术应用，而在于培养学生的媒介分析批判能力，学会正确识读媒介信息。第三，推动成立媒介素养教育委员会，领导和开展媒介素养教育活动，并积极开展媒介素养调查工作，定期举办媒介观摩活动，建立媒介教育网络资源，举办专业性论坛，邀请国外相关专家讲学，举办相关学术交流。

民间组织。民间组织是媒介素养教育的另一股推动力量，通过民间非营利组织，我国台湾地区的媒体素养教育得以推广。如富邦文教基金会、公共电视文化基金会等民间组织即是通过所建专业网站和所组织的各种活动来联系媒体和受众，从而使得媒介素养教育活动开展能在台湾地区蔚然成风。

三、广大受众

媒体与受众之间的互动既能有益于媒介发展，又能有利于受众生活。“从个人角度来讲，受众如果对信息做出正确的选择，通过主动思考，对媒介信息进行恰当的解构，从而得到积极的效果。积极的效果会将受众自己引向有价值的目标”。① 媒介素养的提出，正是要使这种关系向着积极的方向发展，而受众也就成为媒介素养发展的根本动力。相较于与媒介机构和社会组织，广大受众具有分散性和无组织性的特点，因此，受众只有自我觉醒并主动接受媒介素养教育体系的行为建构，媒介素养能力便可不断得到提升。

尤为重要的是，首先，受众要拥有对媒介信息的批判性思维。批判性思维要求受众既要学会选择对自己有用和有利的信息，以免被错误或有害信息浪费时间和错误引导，又要培养自己对所选媒介信息的正确理解、理性评估和客观评价能力，并通过媒介批评理论的学习运用来训练自己。

第二，受众要保持对不同背景新闻进行客观分析的清醒头脑。尽管事实是新闻的来源，但面对同一个事实（事件），不同的新闻人会有各自不同的解读方式，这种不同的解读是因其本人或所在国政治立场和文化背景

① 张开，石丹. 提高媒介传播效果途径新探——媒介素养教育与传播效果的关系［J］. 现代传播，2004（1）.

不同所致。同时，不同的媒介也会有自己不同的倾向或立场，在对事实材料进行加工时也会透露出不同的信息。因此，受众要能够在面对带有各自主观倾向的不同媒介声音中保有自己的清醒头脑和对事实的客观分析。

第三，积极主动地参与媒介实践。受众通过素材采集、版面编排、影像拍摄、视频剪辑等制作可视化作品的过程来主动参与媒介，通过运用搜索引擎、“三微一端”、各类 App 及媒体平台等进行检索、识图、观影和阅读等的自我认知学习来关注媒介，并通过媒介发出自己的声音。同时，对于媒介行为也可以通过组织受众联盟对其实施监督，以减少其失范行为。

最后，受众要不断丰富自己。既要掌握融媒环境下媒介运作的相关技能，熟悉诸如“中央厨房”、无人机、传感器、机器写作、AR、VR 和 MR 等传播技术与工具，又要拥有大量知识储备，拥有对信息较好的分析判断能力。学习型社会需要如此，现代公民的媒介素养需要如此，拥有正确对待媒体的能力更需要如此。

上述便是我们建构贵州农村地区受众媒介素养教育方略的思想基础。

第三章　提升贵州农村地区受众媒介素养以促进民族团结进步创建

推进受众媒介素养教育，既是一条提升受众媒介素养的途径，也是从根本上提升受众整体素质的重要渠道。但媒介素养教育的内容是不断发展的，从最初的内涵“文化素养”到如今的“人文素养、信息素养、网络素养、计算机素养、影视素养、高科技素养”等。

第一节　受众媒介素养教育的内涵

一、媒介素养教育的具体内涵

关于媒介素养教育，目前国内学者的共识是包括认识、参与和使用大众传媒三个部分。同时还应重视以下六大核心：其一，媒介信息是建构出来的“真实”；其二，媒介深刻影响人类社会的进程；其三，媒介传递的信息涵摄其本具的价值观和强烈的意识形态；其四，媒介信息商业动机不可忽视；其五，每种媒介都有独特的美学形式与符号特质；其六，受众诠释和接受媒介信息意义的能力与程度不一。以此认识为基础，既然我们知道媒介素养是指受众所应具备的对各种媒介信息的解读与批判能力，同时是一种使用媒介信息为个人生活、社会发展所应用的能力，那么受众媒介素养教育应主要具备以下两个方面内容：其一，学会对所接触媒介信息的批判鉴别；其二，懂得合理运用媒介以服务自我、完善自我。以前者为基础，帮助我们甄别信息的优劣以屏蔽不良信息可能给我们带来的负面影响；以后者带来的自我提升，在进一步提升我们媒介使用水平的同时，更加益于自己的物质生活和精神需求的满足。

二、受众媒介素养教育的特殊内涵——扶贫先扶志

如果要给媒介素养教育下一个定义的话，就是指导受众正确理解、高效获取大众资源助益的教育，以达至这样的目的：培养受众具备健康的媒介批判能力，学会充分利用媒介资源信息来完善自我和参与社会进步。

美国学者英格斯的现代化研究表明，人的现代性与人和大众媒介的接触密切相关，而国家获得现代化的基础关乎人的心理素质或人格力量。现在就从这个角度入手，让我们来考察一下农村地区受众的媒介素养教育问题。自党的十九大和贵州省第十二次党代会以来，经过后发赶超的跨越式发展，贵州不仅与全国各省一起同步全面建成了小康社会，且在实现综合经济实力大幅跃升的同时，迈上稳健的高质量发展道路。因此，贵州地区村寨尤其是民族团结进步示范村寨更是将进一步全面发展地区经济文化等综合事业作为新时期的工作主题。在不断提升农村人口自我发展能力的同时，业已初步形成的“自我造血机制”的持续完善将成为切实促进贵州农村地区现有小康社会可持续发展的着力点。

贵州区位偏僻、交通不便，信息较为闭塞，这些外部客观因素确实很大程度上造成了历史上贵州农村地区的贫困落后，但这只是外因，而内在主观因素才是最主要的造成历史贫困的原因。因此，提高贵州地区农村人口自我发展能力的第一步也是最重要一步就是转变其思想观念，提高其自身全面素质，最终激发其勤劳致富的信心和斗志。这一点才是促使贵州农村地区持续快速发展的内在动力。转变观念提高素质的措施之一便是促进贵州省内外间的全方位相互交流。目前，在全国范围内实施乡村振兴的大背景下，通过精准扶贫、脱贫攻坚项目，贵州也已实现全面脱贫，“组组通”硬化公路等基础设施建设已达标准要求，2019 年农村居民可支配人均年收入达至一万元。在与外界已形成方便快捷的交通，农村基础设施已逐步完善的基础上，通过新型工业化、新型城镇化、农业现代化和旅游产业化等方面的招商引资项目，在进一步提升农村全面发展水平的基础上，加快促进农村干部群众的思想观念向现代和先进方向的转变。转变观念提高

素质的措施之二是组织参观学习。针对贵州农村干部群众求稳怕变，不想承担风险，不能积极接受新事物的心理，可组织他们到附近县、市农业发展相关基地进行参观学习。通过“百闻不如一见”的榜样，增强他们采用新技术、引进新品种的信心和决心。转变观念提高素质的措施之三是动员农民外出打工。这样不仅能较直接、较明显地增加他们的经济收入，且能拓宽视野，增长见识，提高素质，增强技能，更重要的是还能带来思想观念的更新解放。

第二节　贵州农村地区受众媒介素养基本能力的培养

结合贵州经济文化发展的整体水平，以问卷调查结果为参照，具体到贵州受众的媒介素养教育，在培养层次上，应培养大致以下几方面内容。

一、正确认识大众媒介的功能，了解大众传播资源

根据调查数据，我们看到有40%的农民有通过大众媒介获取发家致富信息的愿望。在媒介的诸多功能中提供信息的功能是首要的，进行娱乐的功能是次要的。对贵州地区农村人口来说，媒介的使用和信息的检索能力培养是至关重要的，而媒介作为娱乐工具的功能则需要忽略，这也是需要更新的一个观念。

但我们又要看到，由于受教育程度普遍较低，贵州地区大部分农村人口对媒介的认知水平甚至使用能力都较低，更不要说检索出自己所需信息的能力水平了。在报纸调查一栏，有“识字太少，而不看报纸”的占15%，在手机调查一栏，有“不知道如何上网”的占38%，在计算机调查一栏，不会使用计算机的占45%。由此可见贵州民族地区的媒介认知程度之一斑。虽然贵州少数民族地区的大众传播技术和设施有了与时俱进的发展，但大众传播接受者的素质以及对媒介运作模式的了解有待提高。也正因此，正确认识媒介，了解大众传媒资源是贵州民族地区媒介素养教育的第一步。

二、从媒介获取信息的能力

“能够策略地运用信息和传播设施的群体与不能这样做的群体之间，差距将会加大。甚至，最有可能受到不利影响的人，恰恰是那些传播新科技被认为能改善他们生存境遇的人：穷人，教育程度低的人，与技术隔绝的人，以及挣扎着生存的小企业”①。以上观点是美国科技评估署的发现。因此，对贵州地区受众的媒介素养教育问题，我们认为：最主要的是要使他们具备使用大众媒介并从其中获取自己所需有用信息和学习各种知识信息的能力，以利用传媒资源促进个人发展。

三、通过大众传媒表达意见的方法途径以及通过媒介发表信息意见的能力

贵州地区农民占比最大，调查也显示了这一点，来自农村的被调查者占到了85%。正是他们代表了贵州地区人口的大多数，他们不很清楚如何通过大众媒介表达自己的意见，调查中，“从未发过帖子”的人占48%显示了这一点，“从未与广播进行沟通”的则比重更大，几乎占100%。

在市场经济条件下，贵州大多数媒体对农村地区的关注并非出于人文关怀，主要有两方面的原因：一是政策方面的原因，二是媒体报道更关注猎奇、追捧或宣传的原因。一些新闻人物通过与媒体接触，表现出了一定程度的媒介素养，能够向媒体表达自己的意见，并对媒介负面信息有一定程度的辨别过滤能力。但对贵州农村地区的大多数人，不擅于通过大众传媒表达自己意见，通过媒介发表信息与意见的能力尚待提高。

四、辨别负面信息选择需要信息的能力

面对各种各样的媒介信息，由于文化水平普遍较低，能够有效选择自己所需信息，是贵州受众媒介素养教育期待实现的一个重要目标。对

① 文森特·莫斯可. 传播政治经济学［M］. 北京：华夏出版社，2000.

贵州农村地区而言，负面信息还包括大量的虚假信息。对媒介素养较高者来说，信息多元化是对媒介资源的一种丰富；但对于媒介素养较低者来说，正反不同的丰富信息却可能带来选择的痛苦和无奈。如何识别与生活密切相关的、大众媒介中普遍存在的一些虚假信息，如大量失实的却最让人关心的所谓“致富信息”等极具实际价值。因此，进行媒介素养教育，教会贵州受众如何辨别负面信息和虚假信息更具现实意义。

五、贵州受众媒介素养的发展能力

一般认为，我国的受众是很好的接受者，却不是很好的分析者、判断者和批判者。从目前的现实来看，处于较低发展水平的贵州尤其是其农村地区，这种情况表现得更为突出；在培养上述四方面的基本能力之外，贵州受众还有必要发展较高层次的媒介素养。具体来说，其一，既要学会从媒介获取信息的能力，还要具备对媒介信息的批判意识和批判能力。其二，既要具备通过媒介发表信息与意见等基本能力，还要具备能够利用大众媒介来传播、保存本民族文化的能力。不同民族的文化往往有其不同的地理历史来源，会存在不同于他民族的独特文化经验与人文价值，因此，贵州一些世居民族的音乐歌谣、民俗民谚、民间传说典故、民族服饰、特色建筑等所蕴藏的丰富的人生哲理、经验智慧和处事道德等，通过传播与传递，将对后人的人生观、价值观、民族观甚至宇宙观以及文化共识等产生深刻影响，民族发展的内在动力也由此得以表征。有效利用大众传媒为自己生活、生产等服务；通过合理地利用媒介资源，保护不同民族自身的文化特色，从而更好地参与社会发展，也应成为贵州农村受众媒介素养发展的能力之一。

第三节　受众视域下媒介素养教育之必要性

科学地认识媒介、理性地选择与接触媒介，正确有效地理解媒介内容，积极、主动地面对并分析、判断和传播各类媒介信息的能力是信息时代每个公民应具备的基本能力之一，是生存的需要，个人全面发展的需要，也是面对国际发展环境的需要。

一、信息时代生存的需要

人们对信息的依赖性和信息易得性的日益增强是信息时代的重要标志。美国著名学者约瑟夫·斯特劳巴哈也曾说，“信息消费越来越多地支撑着我们的社会，信息工作者目前占劳动力的主流，从事信息工作的人员数在短短的3年间增长了一倍多”①。一方面，信息时代的人们获取、判断和使用媒介信息已然成为日常生活的必然组成和现代重要谋生手段。于是人们更加注重高新技术的开发，以及使用这些技术去获取更多满足自身需要的信息。另一方面，正是由于媒介高新技术的飞速发展使得信息的流动和传递越来越迅速和广泛，信息的易得性大大增强。“信息爆炸”“信息泛滥”。这些词汇的出现正反映出信息的易得性和高冗余性。面对滚滚而来的信息洪流，具备基本的判断选择、辩证分析和识读理解媒介信息能力以及媒介使用能力已成为对深度信息化时代受众的必然要求，媒介素养教育的不断开展也成为历史的必然。

个人的媒介信息素养通过其对信息的综合分析能力充分显现。作为外在于人的信息，通过人的认知结构转化为“为我之物”，从而提高人们对事实的判断力。一个公民基本的媒介素养能力体现在能够从容面对汹涌的媒介信息，以自己的理智思考和判断，获取真正的和对自己有价值的信息。相反，一个公民不具备基本媒介信息素养能力则容易被信息洪流淹没，受制于负面信息且只能获取片段的、零散的、无用的信息。因此，信息时代，人的媒介素养显得比媒介信息本身更为重要，获得真正有用的信息不仅是一种媒介能力更是一种媒介智慧。

二、懂得媒介，学会运用媒介是媒介社会对公民的一种要求

媒介社会里，一方面，随着高新技术的不断涌现，媒介家族日益庞大，媒介事业发展蓬勃。曾经广泛传播的报纸、期刊、广播等传统媒体，

① 约瑟夫·斯特劳巴哈．今日媒介［M］．冰心，译．北京：清华大学出版社，2002.

现今已逐渐为互联网、手机、数字广播等新媒体所替代或融合。电子媒介几乎已无孔不入地存在于我们的日常生活；另一方面，媒介的快速发展也向我们表明，人们与日俱增的媒介依赖性，因为媒介如此地迅猛发展正是人们对其有强烈需求的体现。

美国学者约瑟夫·斯特劳巴哈在其著作《今日媒介》中讲到，人们利用媒介的时间比花费在包括工作和睡觉在内的其他任何事情上的时间都要多。我们越来越多地依赖媒介、通过媒介去了解和处理事情，媒介已经不再仅是“人的延伸”，我们自己甚至也已在潜移默化之中受到媒介的巨大影响。因此，普及媒介信息教育迫在眉睫，了解所处媒介社会，把握媒介基本知识、规律及运作等成为公民亟需完成的媒介信息教育内容。以往的社会要求我们不能做“文盲”，今天的社会要求我们不能做“新闻盲”“媒介盲”，而经济文化需要进一步全面提升的贵州地区受众更是如此。

三、个人全面发展的需要

社会全面发展的最根本动力是人的全面发展。媒介社会里，受众具备基本的媒介素养不仅是其社会生存基本能力之一，也是其一种综合素质指标。评价一个人是否具有全面发展的素质，媒介素养是其中不可或缺的标准之一。因此，积极推进媒介信息教育普及是对人的全面发展的有力促进。

美国政府曾宣布过一个为全世界所瞩目的“国家信息基础结构”的行动计划，这个计划俗称“信息高速公路”。受美国“信息高速公路”启发，各国纷纷发展自己的信息产业，世界迅速进入信息时代。信息高速公路是一个连接各行各业及千家万户，能提供电话、数据、图像等综合业务的交互式宽带网络。它是由通信网络、计算机、信息和个人四个基本要素构成的。如将以光纤为主的传输通信网络比作“路”的话，采集、加工、处理、存储各种信息的计算机系统可以比作“车”，各种各样的信息就可以比作“货”。“路”越宽”跑的车就越多，“车”越大，拉的“货”就越多。在这些因素中，人是运用先进技术，建设“信息高速公路”的关键。

中国学者吴廷俊认为，实行媒介素养教育是为了“满足信息社会人们对传播沟通空前巨大的需求。适应社会结构、生活形态的巨大变化；在现代中国社会，由于经济发展与时代变迁带来巨大的社会变化，人们所处的社会结构与生活形态也相应发生了巨大变化，而各种变化均指向了对传播素质教育的需求”①。既然如此，正确把握传媒本质，了知传媒信息的制作和发布流程，并以此为基础进一步培养自身不被媒介控制而是能够有效控制和使用媒介信息的能力，就显得至关重要。

在信息时代，媒介素养教育作为一种教育思想和教育方法，它是从媒介对人的影响的角度提出的，其根本目的在于，使受众具备如下能力和知识结构：其一，正确使用媒介和有效利用媒介信息；其二，获得正确的媒介信息；其三，明白信息生产的意义，并对信息价值具备批判性认知。媒介素养训练的旨归在于人的整体素质的全面提高和培养。

媒介教育在加拿大、英国、法国、芬兰、瑞典等欧美国家早已纳入正规的教育课程，韩国、印度、日本等亚洲国家也在根据自身国情普及媒介素养教育，我国的媒介素养教育还有待全面普及并将以此有力促进个体的全面发展。

四、国际发展环境的需要

首届世界信息社会首脑会议在日内瓦召开，第一阶段的会议目标是“建设一个以人为本、具有包容性和面向发展的信息社会。在这个社会中，人人可以创造、获取、使用和分享信息和知识，使个人、社区和各国人民均能充分发挥各自的潜力，促进实现可持续发展并提高生活质量”。在信息传播领域，受众接受信息的过程，总会受到个人所处社会时代背景、个人经济生活水平，个人文化教育水平、个人所承担的社会角色以及兴趣爱好等诸多因素影响。当世界上部分发达国家和中国国内的发达地区均已迈进信息社会之时，贵州地区的大众传媒发展与信息传播以及广大受众亟须的媒介素养教育问题同样需要我们的深思。

① 吴廷俊，舒咏平. 一种基本素质的教育：中国传播教育发展新思路［C］//张国良，黄芝晓主编. 全球信息化时代的华人传播研究力量汇聚与学术创新——“2003 中国传播学论坛文集. 上海：复旦大学出版社，2004.

第四节　贵州农村地区受众媒介素养教育的策略建议

在对贵州基本媒介素养能力培养内容了知的基础上，为促进民族团结进步创建工作，我们欲从以下三方面提出提升贵州农村受众媒介素养能力的建议。

一、政府传播的主导作用

根据对贵州受众媒介素养现状调查情况的分析，同时依据当前中外学者的相关研究成果，我们首先认为：来自政府的组织传播对贵州受众的媒介素养教育培养将是主导性的。

在贵州农村地区，尽管传媒设施是一项高投入、低回报的建设项目，但多彩贵州“广电云”村村通工程项目早已搭建起贵州农村地区的信息高速公路，该工程通过数字化广播电视传输系统，将广播电视节目与政务、民生和致富等农村地区所需要的信息通过互联网传递到千家万户，“云上贵州”的便捷服务，带来的是“黔货出山”的幸福体验。政府政策、资金、技术支持下带来硬件条件满足之后，媒介素养教育的开展便是紧接着要面临的一个问题。以此带来的受众全面素质的提升或许将是一个缓慢过程，因而应从以下三方面持续进行。

（一）意识与制度

意识上的观念滞后会成为媒介素养教育工作开展的最大障碍。在被动接受媒介信息对大多数中国人来说还是一个常态的情况下，媒介素养意识尚未确立，媒介素养本身处于自发状态，这种情况在贵州地区同样如此甚至更为突出。因此，提升贵州地区媒介素养的先决条件是决策者抑或是接受者的观念改变，促使他们认识到媒介素养教育的重要性，形成要提升各界受众媒介素养以促进个人和社会发展的思想意识，并在此基础上建构有具体针对性的媒介素养教育制度。以政策和制度的制定和实施为基础，贵州农村地区受众的媒介素养教育才会有进一步实施的可能。具体来说，建议贵州省人民政府制定政策，将贵州农村地区受众的媒介素养教育问题纳入“农村信息化”建设规划，再由贵州民族事务委员会、贵州省宣传部、贵州省教育厅、贵州省广播电视局等联合发文，将媒介素养相关课程列为贵州民族教育的必修课程，从城市到农村通过学校到家庭的以点带面、点面结合地展开，让贵州农村地区的媒介素养教育得到全面推进。

（二）资金与组织

精神世界的改观必须以雄厚的经济支撑予以保障，否则，再好的政策制度也无法实施。贵州受众媒介素养的教育问题，在首先确立政策和制度保障之后，教育基金的建立便是不可或缺的一环，同时负责此项工作的组织建立也势在必行。针对贵州地区的具体情况，媒介素养教育专门组织首先可通过官方渠道成立，如通过政府或政府委托，其次也可以通过民间渠道成立，如通过政策倾斜或一定的资金支持鼓励民间形成媒介素养教育组织。

（三）师资与教材

师资问题对任何教育来说都是关键一环，贵州受众媒介素养教育也同样面临该问题，师资培训也是关键环节。目前，贵州省有 5 所高校办有新闻传播类相关专业，以这些高校为依托，贵州农村地区受众媒介素养教育的师资培训问题有了解决的可能；媒体机构的资深编辑、记者更具有媒介实践经验，作为兼职媒介教师也是合适人选。另外，贵州农村地区的大、中、小学教师可作为师资建设中的后备力量，对他们进行针对性的专业媒体素养教育，使其了解基本的媒介素养教育相关知识，首先使其媒介素养水平得到提升，然后在提高其教学水平的情况下，让他们将自己所学或所具备的媒介知识与能力素养融入每日的教学工作，从而起到以点带面提升受众媒介素养的作用。师资之外，教学目标和教学大纲对于媒介素养教育来说也是重要一环，编写与贵州地区经济社会发展相应的媒介素养教育相关教程。同时，基层政府也应宣传、提高贵州农村受众接触媒体的意识，充分利用县级、镇级、村级大众媒介，传播新观点、新技术、新信息。走马村的农民教育基地的建立便起到了榜样的作用。

二、大众媒介的社会责任

大众媒介应具有一种社会责任，该理论的提出始于20世纪40年代。它的核心思想是：取得公众的信任是媒体的首要社会责任，因此，很大程度上，一个媒体生存与否、价值如何以及社会影响程度均取决于它能否取得公众信任。

大众媒介也会对社会带来一定的负面影响。当大众媒介素养储备赶不上大众媒介发展普及速度时，大众媒介的副作用就更加突显，至少呈现与正向作用相抗衡状态。

现实情况是，人们既无法遏制媒介不断推陈出新又无法不越来越广泛地进行媒介接触。由于现代媒介展现信息之快速便捷、图文并茂，使得人们十分乐意地把媒介所营造的信息环境作为自己了解世界的重要窗口。因此，媒体在最大限度地谋取生存和发展资本的同时，也应增强自身的社会责任感。具体而言，贵州地区的大众媒介传播应兼顾经济效益和社会效益的平衡。

（一）电视

目前贵州电视台不包括贵州卫视，有六个频道，分别是：贵州公共、贵州文艺、大众生活、5频道、科教健康频道、移动数字频道。整合了纸质媒介、广播媒介、电视频道资源乃至政府机构信息资源的贵州广播电视台动静App开启了新闻视听的新体验，不仅图文并茂、音视频兼收，可谓贵州新闻和生活讯息的传播器。但其中没有明确针对贵州民族地区的频道，针对农民科技普及和技能培训的节目有贵州六套，还有动静App上的贵州三农栏目。事实上，市级、县级电视台，如果切实加强电视节目与本地区受众的关联度，把镜头多聚焦到发展较为滞后的民族地区或农村地区受众身上，增加新技术、致富新路子推广的节目数量，多播放涉及民族地区或农村地区的电视剧，报道这些地区发展中存在的问题和现象。把市台、县台生存、发展和所在地区的发展紧密结合起来，将会实现电视发展和贵州地区发展的双赢。

（二）广播

目前，已经进入数字化广播时代的贵州人民广播电台包括7个电台，分别是：贵州交通广播、贵州综合广播、贵州音乐广播、贵州旅游广播、贵州经济广播、贵州故事广播、贵州都市广播等。很显然，没有明确针对贵州民族地区或农村地区的节目，但是让人欣慰的是在地级城市的广播中有民族语广播，如苗语和布依语广播等。因为广播自身较低的成本以及易携带、陪伴性等优势，利用它曾经拥有的地位，配合集体广播等形式，加重涉及少数民族和农村地区的内容，为贵州少数民族和农村地区受众提供更多的新鲜、实用信息，也是贵州广播有待努力的方向。调查显示，贵州少数民族的广播受众所呈现的日趋减少的状况，更使得贵州广播电台的发展应该应对实际，快马加鞭，设计增添新栏目，真正做到让贵州农村地区受众也能够喜闻乐见，从而做好贵州乃至国家的政策宣传、民族地区的经济发展以及贵州省民族团结进步创建活动的开展。

1. 网络

依据贵州互联网发展状况统计报告显示，截至2023年12月底，贵州农村地区互联网普及率为55.8%，略低于全国66.5%的普及率。城镇地区互联网普及率为93.3%，略高于全国83.3%的普及率。由此可见，贵州地区受众的网络使用基本与全国持平。目前，作为国家大数据综合试验区的贵州，在迈步“数字贵州”的进程中，不仅网络基础设施不断完善，且已逐渐成为西部地区的信息枢纽。在贵州推动大数据融合发展的态势下，只有进一步提升贵州地区受众的媒介素养才能同步于当前“数字贵州”的发展。由此，首先可以在农村中小学教育中增加以互联网为代表的新媒介内容；其次是在政府倡导下，大力推进网络服务方面的内容建设，通过这些措施，提供贵州受众尤其是农村地区受众喜闻乐见的内容，以完善自身发展，提高收入水平。

2. 报纸

电子化报纸时代，贵州省级报纸如贵州日报、贵州都市报、贵州商报、西部开发报、经济信息时报等都有自己的网络电子版。在媒体技术得以解决的情况下，报纸应在内容层面细分贵州地区受众群，找准读报群体的不同需求，抓住他们的心理，增加其接触报刊的心理接近感，并增加关于贵州尤其是民族地区和农村地区的经济、政治、文化发展等方面与其密切相关的实际内容。

3. 手机媒体

作为自媒体的手机有其自身优势，被誉为“第五媒体”。手机的普及性、传达信息的时效性和有效性、表现手法的丰富性等使其成为一个极其重要的大众传媒。手机联网使其成为具有报纸、广播、电视、互联网等功能的“全媒体”。同时，它的方便携带、易于使用性，像电脑一样的可延展性、一对一的传播，信息时效性强，传播形式多元等特点都使得手机成为人们最高频使用的信息载体。依据 CNNIC 第 48 次中国互联网发展报告，截至 2021 年 6 月，我国网民规模为 10.11 亿，其中，手机网民占整体网民的 99.6%。在调查中发现，虽为偏僻的内陆省份，贵州地区受众的手机拥有率接近 100%，上网率也相当高。如果运用合理，在为贵州地区包括少数民族地区和农村地区受众提供沟通方便的同时，更将有利于贵州地区民族经济、文化、政治等方面的快速发展。

总而言之，在大众媒介融合环境下，通过数据接口的打通，实现传媒平台的上下联结，既可上联省市平台，下联乡镇通讯员，实现融媒体统筹、新媒体首发，全媒体跟进，微博、微信、电视台等多渠道的信息发布，同时推出掌上新建 App，从而使得信息的时效性更强。信息一次采集，多元生产，多平台发布。由此，施拉姆所阐释的大众媒介作用在发展中的贵州将逐步得以实现。

三、贵州地区受众媒介素养的提升

“由于社会经济地位高者通常能比社会经济地位低者更快地获得信息，因此，大众媒介传送的信息越多，这两者之间的知识鸿沟也就越有扩大的趋势”①。贵州农村地区受众在信息获取方面处于被动地位，要想改变这一点，通过媒介素养教育提升其媒介使用能力，从而全面提升公众素质，包括通过网络搜索不同媒介信息的能力，获取对自身有用信息的能力以及发家致富、提升道德素质、人文素养等方面的内容。甚至正确人生观、价值

① 郭庆光. 传播学教程［M］. 北京：中国人民大学出版社，2001.

观的再形成也可以通过合理的媒介信息汲取而得以重新塑造和完善。因此，在贵州地区尤其是农村地区和民族地区大力推进媒介素养教育，提升受众的媒介技术运用能力和相关文化知识水平，促使他们形成善于主动运用媒介服务自己的意识与能力，以此带来整个贵州地区受众自我发展能力的质的提升，贵州民族团结进步事业也会有一个更加光明的未来。

四、进行贵州地区受众媒介素养教育的方法探讨

在后发赶超的贵州经济高速发展态势下，贵州与发达地区的差距逐渐缩小。在56个民族存在的贵州，民族间的差异存在以及融合报纸、广播、电视、网络的大众传播新媒介——融媒体中心的建立的今天，面对媒介新事物，面对“数字贵州”时代的到来，面对贵州的跨越式飞速发展，对受众进行媒介素养教育显得尤为重要。

关于贵州受众媒介素养教育的实施，应遵循因地制宜的基本原则。即根据贵州的地区差异、民族差异和经济发展水平差异等因素，采取因地制宜、多措施并举的媒介素养教育策略，提倡“一族一策”“一村一策”乃至“一山一策”等不同措施。在已基本实现信息进村入户的贵州，从受众媒介运用的软实力着手，让媒介素养教育成为解决贵州农村问题并推动贵州快速全面发展的重要推动力量。

（一）进一步完善信息服务体系

贵州农村信息服务体系建设的不断完善是开展媒介素养教育的关键一环。贵州的信息网络建设已达县级和乡级，贵州广电云网络工程已经惠及农村地区的千家万户，说明贵州地区的通信网络基础设施建设水平已经大幅提高。但问题之一是各部门尚未形成合力。贵州各级媒体机构虽然对贵州农村地区的信息和新闻传播花费了大力，但各级民委与这些媒体机构合作来开展民族团结进步创建的力度尚待进一步增强。为此，可以由省级民委带动，相关媒体部门配合，遵照省委、省政府相关指示，主动组织、互相协调，建立由中央—省—地/市—县—乡/镇—行政村—自然村的信息服务站，以实现贵州农村地区信息服务体系的建立和真正完善。问题之二是作为信息终端的村级信息员的培养。为避免信息“断层”的出现，在认识

建设农村信息服务体系的重点是信息终端的到达这一问题的基础上，首先建立乡级信息服务中心，其次培养村级兼职信息员，以此完善位于信息传播末端的乡、村、自然村三级网络。培养专职信息员队伍，使其具备信息搜集、识别、加工、应用、反馈和预测分析信息的能力。除培养能够服务于贵州民族团结进步创建工作的高素质专业信息员外，提升基层干部和技术人员的信息技术能力也非常必要，使他们成为技术与信息能力兼具的专家，从而成为贵州农村地区实现信息化的引领者和带头人。

关于信息资源开发利用，获取中央以及地方各级政府包括本地关于民族团结进步的和民族政策、民族问题、民族经济发展等方面信息资源，形成贴近贵州农村地区需要的相关信息法规。关于信息资源传输，要充分利用各种大众媒介，将信息及时发布到农村少数民族手中。关于信息运行机制，初期可以公益性运行和服务为主，随后可结合实际，在政府主导下开展市场化运作，让受众切实感受到有益的信息资源在日常生产生活中的意义。当信息服务取得显而易见的效果后，可对信息收取合理费用，并同时多形式多途径地为贵州农村地区受众提供更加有针对性的有用信息，进一步提升信息服务的质量。

建立贵州农村地区的信息反馈机制。一是依照贵州农村的实际情况，农村受众要对政府提供的服务信息产生信息反馈和互动，从而形成和谐畅通的农村信息服务体系。欲建立贵州农村信息反馈机制，基层工作人员如县乡村各级干部、信息员、农技员等应通过深入民间了解相关农村地区受众真实的信息需求。二是通过榜样的力量带动，增强农村地区受众的信息意识。让那些通过使用媒介平台或信息致富的村民讲述自己的故事实证媒介的作用和信息的力量。三是逐步培养贵州农村地区受众利用网络架构起的各种媒介平台来进行信息反馈、网络销售、在线课程学习等能力。

（二）组织教育

基于贵州农村地区受众的复杂情况，媒介素养教育不仅要多措施并举且要通过各级不同组织来共同完成。

1. 学校

要使学校成为媒介素养教育的主阵地，可采用如下具体模式。一是学校教师可以通过课堂对学生进行媒介素养教育，二是在相关机构的安排资助下，让教师利用周六、周日时间到周边农村地区对群众开设定期的媒介素养教育，教授他们怎么使用不同媒介及其新功能，了解电子村务、电子商务、直播带货等网络应用新模式，同时更要注重对正负面信息的拣择甄别及批判性接受能力的培养。

2. 基层党组织

在由互联网带来的现代化的媒介传播之外，传统的、以党员作为先锋模范带动的组织传播依然是传播的重要组成，贵州农村媒介素养教育的组织传播机构便是有着广泛群众基础的基层党组织。

3. 贸易集镇的场地

尽管数字电商经济已经开始下沉贵州农村地区，但贸易集镇上的林立店铺依然促生了人流熙攘的实地物资交流，当村民进行“赶场”时，集镇便成为群众接受组织传播信息和媒介使用技巧培训的最佳场地。

4. 乡村经济文化组织

乡村经济文化组织下的成员通过经济或文化项目维系起来，当组织进行相关活动时，可在活动之余对所有参与者开展媒介素养教育工作，将该项教育融入聚会活动不失为巧妙策略之一。

5. 民族内部组织

贵州是少数民族占比较多的地区，民族习惯法在不少民族都有存在，如榔、款、峒等。因此，这些民族组织举办活动时，对参与者随机进行媒介素养教育也是一种方便之计。

利用以上各种组织进行媒介素养相关知识的教育传播，须建立在目标明确、地点确定、时间确定的基础上，并根据实际情况不断调整教育教学方法。

（三）培养“意见领袖”

所谓“意见领袖”是指那些在信息传递和人际互动过程中少数经常为他人提供信息并对他人具有某种影响力的中介角色。他们是信息的进一步加工者和扩散者，是两级传播的实施者。由于贵州农村地区受众的知识水平和媒介素养能力所限，农村受众对一些关乎自己切身利益的政策性信息、发家致富性信息也往往通过由“意见领袖”所实施的二级传播得以获取。与我们前面所访谈的村寨精英有所不同，“意见领袖”不仅可以是前面提到的村寨精英如教师、基层干部等，还可以是本地族长、宗教人士、媒体通讯员以及有一定影响力的村民等。在贵州农村地区的信息传播中，基层政府和学校等组织所产生的影响有时甚至不及“意见领袖”。同时，存在一部分已经分化出来的农村地区受众群，他们能直接从媒介获取信息，并且媒介认知的程度也高于其他普通个体，这些人物也常常成为所在地区的“意见领袖”。

因此，抓住“意见领袖”可以以点带面影响他人这一点，先重点提高农村地区“意见领袖”的媒介素养，再以这些“意见领袖”为中心，达到辐射性地间接影响其他家人和周围群众，以此侧面推进媒介素养教育工作，从而带来贵州农村地区的发展和民族团结进步活动的开展。

（四）分层分类教育

可通过在校学生和成人两个大类来开展贵州农村地区的媒介素养教育工作。首先，将在校学生的媒介素养教育作为关键突破口，再以一个学生影响更多家庭成员。对于学生我们既可以开展显性的媒介素养课程，又可以以隐性的形式将其渗透于某些课程中进行，如计算机课、课外实践课等都可以。

其次，作为一家之主的成年人，他们受到的媒介素养教育可能会深深影响其他家庭成员。因此可多形式并举地开展成人的媒介素养教育，并可借助一些组织机构开展，如基层的党组织、青年志愿者团体、农民集体互助组织等。

（五）多种媒介与多种途径的传播

贵州农村地区千差万别的状况，使得不同地区受众的媒介信息需求和使用习惯会有所不同，因此，进行有针对性的媒介素养教育是必然的，通过媒介素养教育与发布各种实用信息并举的措施，不断地探索实用便捷的媒介素养教育入户途径。

（1）基于电视的普及，数字电视的应用和手机的广泛使用以及贵州地区较为领先的网络基础设施建设和上网条件，应鼓励农村地区受众形成上网解决自己所遇问题的习惯。其一，可通过电视媒介信息，收集、分析出有利于提升农村地区受众媒介素养的相关知识或易学技能并以电视专题片的形式定期在电台播放，方便受众了解。其二，在手机媒介已经成为当今大多数人上网首选的今天，通过手机 App 和手机网络关注媒介使用和媒介素养提升的相关内容，不能不说是最为实际之措施。其三，通过电脑、电视、平板电脑等媒介进行网络关注和学习相关媒介素养的知识。

（2）创建专门传播媒介素养知识的手机 App 或微信公众号。将单一介质的文字、图片、音频和视频融合于 App 互动平台和微信公众号中。在广播、报纸等传统大众媒介为适应时代发展而已经数字化的今天，通过媒体融合技术开发出的新媒体平台必将助益于媒介素养教育工作的开展。

（3）传统的纸质媒介报纸、传单、小册子等依然可以作为传播媒介素养知识的平台。而在农村地区常见的其他媒介，如村务公开栏，墙报车体、横竖条幅等依然可以发挥知识宣传的作用。另外，通过各种农村集会进行媒介素养知识培训也不失为一种媒介素养教育的方便方式，如在进行农村集体活动、集体劳动、为技能培训集会时，等等。

（六）多语传播

通过贵州农村地区媒介素养的现状调查，我们发现贵州农村地区大多说汉语，在民族地区的农村，由于本民族语言的节目太少，汉语节目又听不很懂，贵州少数民族农村地区的信息输出与媒介素养教育有必要以多语传播的方式展开。

对于多语传播，首先可通过交叉传播进行，即一种媒介可通过多种语言或文字进行信息传播与混合传播。再就是通过混合传播进行，即一个区域内同时拥有区内外多家媒体所开展的多语种或文字的传播。例如，贵州省拥有 56 个民族，这些“大杂居，小聚居”的民族不少拥有自己的语言或文字。贵州省的大众媒介既有中央媒体也有来自其他省市的媒体，省内还有使用民族语言（或文字）进行传播的广播、电视以及新媒体等，如黔东南人民广播电台的苗语广播，黔西南广播电视台的民语广播节目的布依语、苗语广播等，就是贵州民族地区农村混合媒介传播的一个良好示范和案例。因此，贵州少数民族地区农村的媒介素养教育既要运用多语传播又要强化汉语教育。

（七）媒体机构培训

基层媒体机构要为农村受众近距离进行媒体接触创造条件。第一，媒体要主动接近农村受众，通过良好的条件创造使其愿意参与媒介使用。第二，通过办班授课、讨论和训练等方式，实现贵州农村地区受众媒体沟通意识和技巧的提升，学会通过媒体为自己发声、搜寻致富信息、浏览政府网站等，以促进自身素质的完善、家庭经济的增长以及不同民族间的团结。通过受众对培训工作的参与，大众媒体机构也可以同时了解到他们自身的实际需求，搭建二者相互沟通的渠道，并根据实际进行传播内容、传播方式等方面的工作改进。第三，大众媒介机构还可以通过让受众进入报社、电台、电视台等场地进行参观的方式，使其了解它们的工作模式和流程。第四，通过特定栏目或专题讲座，大众媒介机构以此向贵州农村地区受众传授媒介知识。第五，各类大众媒体还可以制作与自身相应的媒介知识专题节目，并在自己媒体上不断予以普及性宣传。

（八）独立课程与融合课程并用

纵观世界范围内的媒介素养教育，就课程设置来说，有其经验可鉴。世界范围内的媒介素养教育课程主要是通过两种方式予以进行，作为独立课程开展的媒介素养教育和融合媒介知识于其他课程实施。结合贵州农村实际，显性的媒介素养教学显然更利于教育目标的实现，因此可开设媒介素养必修课程于相关学习机构，如学校课堂、社区活动中心、农技培训班等。对于无法开设专门的必修课的地方，则采用融入其他教学内容的隐性教学方法。但不管怎样，为达到教学效果，课程目标的可操作性、具体性都是必要的。

作为一个系统工程，贵州农村地区的媒介素养教育涉及多方面的问题。农村地区受众普遍较低的受教育程度成为媒介素养教育开展的潜在障碍。贵州农村地区教育工作的全面深入开展之下带来的贵州农村地区人口文化水平的普遍提高是其前提条件。媒介素养教育策略的制定既要考虑受众的年龄、性别、文化层次等情况，又需要国家制定相关政策和法律制度来推动。

不管怎样，在中国实施乡村振兴战略、倡导中华民族共同体意识的时代背景下，我们期待贵州农村地区的媒介素养现状得到尽快改观，以贵州农村地区媒介素养教育工作的良好开展，助推民族团结进步创建在新时代的蓬勃开展和与时俱进发展。

结论与探讨

结论与探讨

一、农村受众媒介素养提升与民族团结进步活动创建目的的一致性

信息时代，要实现贵州农村地区群众在思维上获得提升，从而加快贵州农村地区的发展，媒介素养的提高是治本途径之一。在地理交通相对封闭的贵州民族地区农村，媒介对于提升受众全方位素质的价值更加重要。只有具备较好的媒介素养，受众们才会更愿意使用大众媒介去搜索自己需要的信息，发布自己想要交流的信息，通过这样的文化、经济、社会等信息的交流，才能够视野开阔、思维活跃、思想解放、落后观念得到改观，见识到省内外，甚至国内外更广阔的世界。贵州农村地区可持续发展的前提，应该是农村受众的整体意识与观念、文化素质与认知有了实质性的提升。媒介素养以人的更好的、全面的发展为旨归，最终目的是提高人的整体素质，因此媒介素养教育从此意义上来说是对贵州农村地区受众的一种较高层次的人文关怀，此种人文关怀与民族团结进步创建活动的旨趣一致。因为民族团结进步创建活动开展的最终目的是实现每一个民族个体的幸福体验。

二、媒介素养教育与民族团结进步活动创建共通的整体观、系统论和环境原则

整体观指我们对客观事物要从整体上去认识、分析、把握。关于贵州少数民族媒介素养受众的问卷调查是一种系统方法。该方法作为一种科学

的思维方法，不仅是现代科学技术高度发展的产物，更是人类社会实践的结晶。它所体现的唯物辩证法原则使得它将任何对象都看作一个系统，由若干要素以特定方式所联结。而整个世界则被视为一个纵横交错的有机整体，以无数方式相互联系。

苏联理论家布哈林在《历史唯物主义理论》一书中写道："任何事物——不管是石头还是生物，是人类社会还是别的什么东西，我们都可以把它们看作是相互联系着的各个部分（要素）组成的某种整体；换句话说，我们可以把这个整体看作是一个系统，每一个这样的事物（系统）不是存在于真空中；它周围有自然界的其他要素，这种要素对它来说就叫做环境。在环境和系统之间存在着经常的联系，环境作用于系统，系统反过来又作用于环境"①。

中国社会科学院研究员陈崇山认为："新闻传播事业对于整个社会来说是一个子系统，但它又是一个整体，其中包含着如报纸、广播、电视、多媒体电脑、因特网、书籍、手机媒体等多个子系统。这些系统的存在和发展受整个社会环境的制约和影响，但同时又影响并推动着社会的前进发展。"②

整体性原则是系统方法的核心。在科技发达的现代社会，受众可以同时从多种渠道获取新闻。同一条消息，也可以从报刊、广播、电视、互联网等多个渠道为同一位受众所获得。这种新闻接收主体的同一性，决定了我们必须把受众看成一个整体，比如贵州省的受众调查，就要将贵州省人口作为一个整体。而整体又是由部分组成的，因此坚持整体性原则包含着对部分的认识和研究。

环境原则是系统方法中特别重要的一个原则。环境是指系统整体赖以存在和发展的全部外界条件的总和。环境原则要求我们在认识调研对象时，要关注到系统整体和客观环境间的相互作用和联系。

此外，结构性与层次性是系统方法的另外两个要素。而民族团结进步创建活动同样是一个系统性的工程，遵循于整体性、层次性、结构性以及环境原则。

---

① 布哈林．历史唯物主义理论［M］．北京：人民出版社，1983．

② 陈崇山．系统方法和受众研究［J］．新闻学刊，1986（3）．

三、公开化媒介信息平台会成为贵州民族团结进步创建活动的重要保证

如果不掌握信息，不了解情况，贵州民族团结进步创建活动将无从开展。为使每一个当事人无一例外地平等参与到该项活动中，信息平台的全方位公开化是必需的一项工作。只有通过现代化的信息手段，国家的政策法令、市场信息才能层层下达，村庄的信息资源以及村务活动中的具体事件及其来龙去脉，村务活动中进行决策的依据，会议中的发言和争论的记录，通过决议情况及决议实施详情，会议中人员出席情况、会议地点和举行时间等详细信息也才能全部无保留地向群众公开。管理领导知道的内容，村民们只要想知道，也都能随时通过信息平台查阅知道，以为其参与乡村共同事务，进行决策、管理和监督提供保障。因此媒介素养的根本目的就是为了贵州民族团结进步创建活动的顺利实施。

参考文献

1. 孙媛娇. 报纸宣传在企业宣传中的重要性及运用研究 [J]. 新闻天地（下半月刊），2011（5）.

2. 林晓华. 媒介素养与少数民族发展 [D]. 成都：四川大学，2006.

3. 马萍. 西北少数民族地区青少年媒介素养调查研究 [D]. 兰州：兰州大学，2010.

4. 林晓华. 少数民族农民媒介素养现状调查 [J]. 当代传播，2008（2）.

5. 张斌. 大众传媒与少数民族乡村政治生活 [J]. 武汉：华中科技大学，2012.

6. 施拉姆. 大众传媒与社会发展 [M]. 金燕宁，等译. 北京：华夏出版社，1990.

7. 张韬. 报纸微博的媒介价值与运营方式 [J]. 西部广播电视，2013（19）.

8. 刘乐明，罗春瑜. 广播媒介新价值功能的评估与实现 [J]. 声屏世界，2008（6）.

9. 聂维斌. 论手机媒体的核心价值与广告协议传播 [J]. 科技信息，2014（2）.

10. 王坤. 传统媒体官方微博使用问题研究 [D]. 郑州：河南大学，2012.

11. 罗正副. 调适与演进：无文字民族文化传承——以布依族为个案的研究 [D]. 厦门：厦门大学，2009.

12. 谭玉林，青觉. 民族团结进步创建的内涵、特点与模式 [N]. 中国民族报，2011-02-25（6）.

13. 黄红梅，张勇. 我国民族团结进步事业创建历程与启示［N］. 中国民族报，2011-12-16（5）.

14. 梁萍. 侗族地区大众传播现状及其对当地社会变迁的影响——以黔东南苗族侗族自治州侗族为例［D］. 上海：华东师范大学，2013.

15. 张宇丹主编. 传播与民族发展——云南少数民族地区信息传播与社会发展关系研究［M］. 北京：新华出版社，2000.

16. 益西拉姆. 少数民族大众传播与民族文化［M］. 兰州：兰州大学出版社，2002.

17. 郝桂华. 深入开展民族团结进步创建活动，推进民族团结进步事业全面发展［J］. 当代贵州，2009（21）.

18. 詹姆斯·库兰. 大众媒介与社会［M］. 北京：华夏出版社，2006.

19. 郭愁. 现代传播媒介与民族经济的发展［C］//布依学研究（之二）——贵州省布依学会首届年会暨第二次学术讨论会论文集. 1990.

20. 胡正荣，段鹏，张磊. 传播学总论［M］. 北京：清华大学出版社，2008.

21. 王德海主编. 农村发展传播学［M］. 北京：中国农业大学出版社，2011.

22. 马尔库塞. 单向度的人［M］. 张峰，等译. 重庆：重庆出版社，1988.

23. 陈学明. 哈贝马斯的"晚期资本主义"论述评［M］. 重庆：重庆出版社，1993.

24. 马丁·杰. 法兰克福学派史［M］. 单世联，译. 广州：广东人民出版社，1996.

25. 弗洛姆. 在幻想锁链的彼岸［M］. 长沙：湖南人民出版社，1986.

26. 哈贝马斯. 公共领域的结构转型［M］. 曹卫东，等译. 上海：学林出版社，1999.

27. 欧力同，张伟. 法兰克福学派研究［M］. 重庆：重庆出版社，1990.

28. 马克斯·韦伯. 新教伦理与资本主义精神［M］. 于晓，等译. 北京：生活·读书·新知三联书店，1996.

29. 哈贝马斯. 作为意识形态的技术与科学［M］. 李黎，等译. 上海：

学林出版社，1999.

30. 哈贝马斯. 交往与社会进化 [M]. 重庆：重庆出版社，1993.

31. 阿多诺. 美学概论 [M]. 王柯平，译. 成都：四川人民出版社，1998.

32. 赵莉华. 新农村建设需缩短“信息沟”[N]. 光明日报，2006-04-19.

33. 张振华. 对农广播电视建言 [J]. 中国广播电视学刊，2004 (5).

34. 黄辉. 对农宣传需要政策扶持 [J]. 中国广播电视学刊，2005 (6).

35. 林晓华. 论少数民族的媒介素养教育 [J]. 新闻界，2005 (3).

36. 周国茂. 要重视现代大众传播媒介在民族经济发展中的作用 [J]. 贵州民族研究，1991 (3).

37. 赵琳. 漫谈大众传媒的内涵与功能 [J]. 聊城大学学报 (社会科学版)，2011 (5).

38. 党静平. 传媒教给我们什么 [M]. 北京：法律出版社，2008.

39. 陈龙. 媒介全球化与公众媒介素养结构的调整 [J]. 现代传播，2004 (4).

40. 张斌. 大众传媒与少数民族乡村政治生活——对湘黔桂毗邻边区三个村寨的民族志调查与阐释 [D]. 武汉：华中科技大学，2012.

41. 林晓华. 少数民族媒介素养教育体系的构建 [J]. 西南民族大学学报 (人文社科版)，2007 (12).

42. 郑保章，柴玥. 我国媒介素养教育体系的建构主体与方式 [J]. 新闻记者，2005 (6).

43. 付艳波. 我国都市青少年的媒介素养教育的现状分析及实施对策 [D]. 北京：北京师范大学，2006.

44. 宋小卫. 学会解读大众传播 (上) ——国外媒介素养教育概述 [J]. 当代传播，2000 (2).

45. 宋小卫. 学会解读大众传播 (下) ——国外媒介素养教育概述 [J]. 当代传播，2000 (3).

46. 蔡尚伟，李朗. 1949 年以前的中国媒介素养教育萌芽——媒介素养教育的本土化考察 [J]. 西华大学学报 (哲学社会科学版)，2005 (6).

47. 丹珠昂奔. 扎实做好新形势下的民族宣传工作 [N]. 中国民族报，2014-06-13.

48. 黄博，刘祖云. 精英话语与村民诉求——对乡村精英治理现象的双向透视［J］. 求实，2012（3）.

49. 卢锋，丁雪阳. 文化向度的国际媒介素养教育考察［J］. 现代传播，2016（8）.

50. 杨丹，余霞，聂祎. 互联网环境下乡村民众的社会交往与媒介使用——基于“湖北省乡村传播现状调查”［J］. 出版参考，2020（7）.

51. 赵晓春. 农业传播学［M］. 北京：北京广播学院出版社，2005.

52. 邵培仁，李梁. 媒介即意识形态——论法兰克福学派的媒介控制思想［J］. 浙江大学学报（人文社会科学版），2001（1）.

53. 霍克海默. 批判理论［M］. 李小兵，译. 重庆：重庆出版社，1993.

54. 谷生然，魏茂琳. 国内外媒介素养研究综述［J］. 西南石油大学学报（社会科学版），2019（7）.

55. 刘晓敏. 美国中小学媒介素养教育研究［M］. 长春：东北师范大学出版社，2015.

56. 乌小花，郝因. 网络空间铸牢中华民族共同体意识研究——论“互联网＋民族团结”行动［J］. 西北民族研究，2021（5）.

57. 沈艾娥. 新媒体语境下中华民族共同体意识的传播策略［J］. 民族学刊，2021（6）.

58. 邹雯. 媒介化语境中的多民族文化共生［D］. 昆明：云南师范大学，2019.

59. 王彦. 传播学视角下旺苍县农业传播中农村受众的媒介素养研究［D］. 成都：成都理工大学，2015.

60. 任洪涛. 媒介使用与多民族乡村生活研究——以哈日莫墩村为例［D］. 武汉：武汉大学，2019.

61. 陈诗. 乡村振兴战略下乡村能人培育研究［D］. 长春：吉林大学，2023.

62. 郑保章，柴玥. 我国媒介素养教育体系的建构主体及方式［J］. 新闻记者，2005（6）.

63. 喻洋. 技术赋能与重塑共同体：数字媒介与乡村社会发展研究［D］. 南昌：南昌大学，2024.

64. 蔡尚伟，李朗. 1949年以前的中国媒介素养教育萌芽——媒介素养教育的本土化考察［J］. 西华大学学报（哲学社会科学版），2005（6）.

65. 宋小卫. 学会解读大众传播（上）——国外媒介素养教育概述［J］. 当代传播，2000（2）.

66. 周素珍. 英国媒介素养教育研究［D］. 武汉：武汉大学，2014.

67. 黄永圳. 高校港澳台学生媒介素养教育问题研究［D］. 泉州：华侨大学，2016.

68. 宋新芳. 中小学媒介素养教育——现状分析与路向探索［D］. 曲阜：曲阜师范大学，2006.

69. 王文科，赵莉. 美国媒介素养运动的发展和启示［J］. 中国广播电视学刊，2007（5）.

70. 臧海群. 传播学教育新方向：从媒介研究到媒介素养［J］. 现代传播，2003（6）.

71. 学会解读大众传播（下）——国外媒介素养教育概述［J］. 当代传播，2000（3）.

72. 臧海群. 媒介素养：青少年素质教育的重中之重［J］. 中国青年政治学院学报，2003（6）.

73. 张开. 从草根运动到政策推动——全球媒介素养教育正走向理性化的发展道路［J］. 现代远距离教育，2012（4）.

74. 张志安. 解读"媒体素养教育"［J］. 传媒观察，2005（4）.

75. 李廷军. 从抵制到参与—西方媒体素养教育的流变及启示［D］. 武汉：华中师范大学，2011.

76. 张毅博，刘晓炫. 德国：推动媒介素养融入终身教育［J］. 青春期健康，2021（19）.

77. 郭丽萍. 美国媒介素养教育发展述评［J］. 武汉理工大学学报（社会科学版），2016（1）.

78. 邵培仁，李梁. 媒介即意识形态——论法兰克福学派的媒介控制思想［J］. 浙江大学学报（人文社会科学版），2001（2）.

79. 张开，石丹. 提高媒介传播效果途径新探——媒介素养教育与传播效果的关系［J］. 现代传播，2004（1）.

80. 柴玥. 我国城市公民媒介素养教育体系的建构［D］. 大连：大连理

工大学，2006.

81. 王德强，涂勤. 云南藏区跨越式发展的实证研究［J］. 民族研究，2013（6）.

82. 杜再江. 集专家学者之智 为模范省建设献策［N］. 贵州民族报，2023-08-21.

83. 乌小花；郝囡. 网络空间铸牢中华民族共同体意识研究——论“互联网+民族团结”行动［J］. 西北民族研究，2021（4）.

84. 桑田. 数智媒介背景下的乡村社会新变［D］. 长春：吉林大学，2024.

85. 余光会，余光莉. 贵州少数民族受众大众媒介素养调查分析［J］. 劳动保障世界，2017（8）.

86. 林晓华. 少数民族农牧民媒介素养教育浅议［J］. 中国民族，2008（3）.

87. 杨丹，余霞，聂祎. 互联网环境下乡村民众的社会交往与媒介使用——基于“湖北省乡村传播现状调查”［J］. 出版参考，2020（7）.

88. 蔡尚伟，李朗. 1949 年以前的中国媒介素养教育萌芽——媒介素养教育的本土化考察［J］. 西华大学学报（哲学社会科学版），2005（6）.

89. 李朗. 对民国时期媒介素养教育研究的考察［J］. 成都：四川大学，2006.

90. 王振武. 浅析加拿大青少年媒介素养教育及其当代启示［J］. 河北青年管理干部学院学报，2016（5）.

91. 张毅博，刘晓炫. 德国：推动媒介素养融入终身教育［J］. 青春期健康 ，2021（6）.

92. 张开，石丹. 提高媒介传播效果途径新探——媒介素养教育与传播效果的关系［J］. 现代传播，2004（2）.

附录一：关于民宗委系统的调查问卷

亲爱的朋友：

您好！我是××××大学××学院的教师，因写作《农村地区受众的大众媒介素养与民族团结进步创建》一书的需要，特向您了解贵州民族团结进步创建活动及媒介使用两个主题的有关情况，希望能够得到您的帮助。问卷所涉问题均为一些公开性问题，请您放心填答。并根据实际情况如实填写，谢谢！

1. 个人信息方面：

个人基本信息（信息匿名，请放心填写）

民族：　　性别：　　年龄：　　政治面貌：　　文化程度：

所在民宗委：A. 县级　B. 市级　C. 省级（划√表选择）　任职：

2. 民族团结进步创建活动方面：

（1）请问您所理解的民族团结进步创建工作包括下列哪些内容？（在所选答案前划√表选择）

A. 促进民族地区经济发展　　B. 促进民族地区文化发展

C. 协调民族矛盾　　D. 促进民族政策法规宣传

E. 加强民族教育　　F. 改善民生问题

G. 其他（若有，请填写）

（2）民族团结进步创建工作主要由什么部门负责开展？

A. 统战部、宣传部和民宗委联合开展　B. 实际主要由民宗委负责

C. 民宗委主管，统战部和宣传部配合　D. 其他（若有，请填写）

（3）您所在地拥有的省级以上民族团结进步典型示范乡镇或村寨有哪些？（若有，请写出1—3个具体地点和名字）

（4）您所在民宗委经常开展的民族团结进步创建活动主要有哪些？

（依据工作实际简要回答）

3. 媒介与民族团结进步创建活动方面：（在所选答案前划√表选择）

（1）开展民族团结进步创建工作中您所在政府部门常用的媒介有哪些？

A. 电影　　B. 报纸　　C. 杂志（包括电子杂志）
D. 广播　　E. 电视　　F. DVD 机
G. 电话（包含手机）　　H. 网络　　I. 宣传册
J. 传单（包括函件）　　K. 横幅　　L. 录音机
M. 文艺汇演等

其中，使用频率最高的是__________

（2）开展民族团结进步创建工作中您所知道群众常用的媒介有哪些？其中使用频率最高的媒介是哪种？

A. 电影　　B. 报纸　　C. 杂志（包括电子杂志）
D. 广播　　E. 电视　　F. DVD 机器
G. 电话（包含手机）　　H. 网络　　I. 宣传册
J. 传单（包括函件）　　K. 横幅　　L. 录音机
M. 文艺汇演等

其中，使用频率最高的是__________

（3）在开展民族团结进步创建工作中您认为大众媒介的作用如何？

A. 巨大　　B. 大　　C. 较大
D. 较小　　E. 小　　F. 没什么作用

（4）您所知道在促进民族经济发展方面常用到的媒介有哪些？

A. 电影　　B. 报纸　　C. 杂志（包括电子杂志）
D. 广播　　E. 电视　　F. DVD
G. 电话（包含手机）　　H. 网络　　I. 宣传册
J. 传单（包括函件）　　K. 横幅　　L. 录音机
M. 文艺汇演等

（5）您所知道在促进民族文化发展方面您常用的媒介有哪些？

A. 电影　　B. 报纸　　C. 杂志（包括电子杂志）
D. 广播　　E. 电视　　F. DVD
G. 电话（包含手机）　　H. 网络　　I. 宣传册

J. 传单（包括函件）　　K. 横幅　　L. 录音机

M. 文艺汇演等

(6) 您所知道在协调民族矛盾方面常用的媒介有哪些？

A. 电影　　B. 报纸　　C. 杂志（包括电子杂志）

D. 广播　　E. 电视　　F. DVD

G. 电话（包含手机）　　H. 网络　　I. 宣传册

J. 传单（包括函件）　　K. 横幅　　L. 录音机

M. 文艺汇演等

(7) 您所知道在促进民族教育方面常用到的媒介有哪些？

A. 电影　　B. 报纸　　C. 杂志（包括电子杂志）

D. 广播　　E. 电视　　F. DVD

G. 电话（包含手机）　　H. 网络　　I. 宣传册

J. 传单（包括函件）　　K. 横幅　　L. 录音机

M. 文艺汇演等

(8) 您所知道在促进民族政策法规推广方面常用到什么媒介？

A. 电影　　B. 报纸　　C. 杂志（包括电子杂志）

D. 广播　　E. 电视　　F. DVD

G. 电话（包含手机）　　H. 网络　　I. 宣传册

J. 传单（包括函件）　　K. 横幅　　L. 录音机

M. 文艺汇演等

(9) 大众媒介对民族团结进步创建工作的影响体现在以下哪些方面？

A. 有助于促进民族地区经济发展　　B. 有助于促进民族地区文化发展

C. 有助于协调民族矛盾　　D. 有助于促进民族政策法规宣传

E. 有助于加强民族教育　　F. 有助于促进民生问题改善

G. 其他

(10) 您所知道的因大众媒介带来经济社会发展突飞猛进的民族团结示范村是＿＿＿＿＿（若有，请填出，县、镇、村均可）

(11) 您平时工作中常用到的主要媒介有哪些？您一般是如何运用他们来开展民族团结进步创建工作的？（请简要回答）

(12) 您对民族团结进步创建活动中媒介运用是否满意？为使媒介更有效地作用于创建工作，您有什么样的意见或建议？（请简要回答）

附录二：关于贵州农村受众媒介素养情况的调查问卷

亲爱的同学：您好！

为了解以您为代表的民族家庭的媒介素养状况，特向您进行一些问题调查，希望能够得到您的帮助。本次调查不记实名，答案无所谓对错，请您根据自己家庭的实际情况在您要选的每道题答案处打钩（除了特殊说明的题，每个题都是单项选择），谢谢合作！

注：文中提到的家人主要指父亲，涉及您的问题也指的是在家时。

（一）关于个人基本情况

1. 您的民族：

2. 您的家庭来自：

A. 农村　　B. 城镇

3. 您的受教育程度：

A. 半文盲　　B. 小学　　C. 初中

D. 高中（或中专）　　E. 大学　　F. 研究生

（二）你家的媒介拥有情况和接触动机

1. 你家人选择度过业余时间的方式：（可多选）

A. 读书　　B. 看电视　　C. 上网

D. 看报纸　　E. 听广播　　F. 玩手机

G. 其他

2. 你家的媒介拥有情况（可多选）

A. 广播　　B. 电视　　C. 报纸

D. 杂志　　E. 网络　　F. 手机媒体

3. 你家人接触使用这些媒体的目的（可多选）

A. 休闲娱乐　　B. 学习知识　　C. 了解社会

D. 了解发家致富信息　　E. 了解民族团结进步创建活动

F. 消磨时间　　G. 其他

（三）大众媒介使用情况

报纸和杂志类

1. 你家买报纸吗？

A. 偶尔有　　B. 没有　　C. 长期订

2. 你家人阅读报纸的情况

A. 经常看　　B. 偶尔看　　C. 从来不看

D. 想读，但不方便买到报纸

3. 如果可以方便地拿到免费的报纸，你会考虑

A. 经常阅读　　B. 偶尔阅读　　C. 没有兴趣

4. 如果你家人看报纸，其目的是什么？（可多选）

A. 了解社会　　B. 增加知识　　C. 消遣娱乐

D. 实在无聊才看　　E. 报刊上有些信息可以帮助脱贫致富

F. 为了解国家对农村的政策　　G. 为了寻找就业的途径

5. 如果你家人从不看报纸，主要原因是什么？（可多选）

A. 内容没意思　　B. 没钱买报纸　　C. 没时间看

D. 识字太少，看不懂　　E. 农村订报或购报很困难，所以不看报

F. 报刊不如电视、广播有趣，所以不看

G. 报刊上的内容和电视、广播一样，不必看　　H. 其他

6. 你和家人知道或听说过哪些报纸：

7. 你家里订杂志吗？

A. 有订　　B. 没有订

8. 你看杂志的频率

A. 每周一两本　　B. 每月一两本　　C. 没看过

9. 如果看过杂志，请写出你常看的三种杂志：__________

广播媒体类

1. 你家里有收音机吗？

A. 有　　B. 没有

2. 你家人听收音机的情况

A. 偶尔听　　B. 经常听　　C. 从来不听

3. 你家人一般听哪些内容？（可多选）

A. 音乐曲艺类　　B. 社会新闻类　　C. 科技知识类

D. 其他

电视媒体类

1. 你家里有电视吗？

A. 有　　B. 没有

2. 你家人每天花多少时间看电视？

A. 1小时以内　　B. 1—3小时　　C. 3小时以上

3. 你家电视能接收多少套电视节目？

A. 10套以下　　B. 30套以下　　C. 30套以上

4. 你家人一般看哪些内容？（可多选）

A. 音乐曲艺类　　B. 影视剧类　　C. 综艺节目类

D. 社会新闻类　　E. 科技知识类　　F. 其他

网络媒体类

1. 你家有电脑吗？

A. 有　　B. 没有

2. 你家人每天的上网时间？

A. 0.5小时　　B. 0.5—1小时　　C. 1—2小时

D. 2—3小时　　E. 3小时以上　　F. 基本不上网

3. 你家人通常都在哪里上网？

A. 自己家　　B. 网吧　　C. 手机

D. 其他

4. 你和家人上网的目的（最多选3项）

A. 看新闻　　B. 聊QQ　　C. 玩网络游戏

D. 看电视电影　　E. 听音乐　　F. 写博客或逛空间

G. 其他

5. 你和家人经常浏览的网站是哪些？（最多选3项）

A. 搜狐　　B. 新浪　　C. 腾讯

D. 官方微博　　E. 其他

6. 你是否在网上发过帖子？

A. 有　　B. 从来没有

手机媒体类

1. 你家人有手机吗？

A. 有　　B. 没有

2. 你家人用手机上过网吗？

A. 上过　　B. 没上过

3. 你家人看过手机电视吗？

A. 看过　　B. 没看过

4. 你家人不用手机上网、看电视的原因是__________

A. 没有手机　　B. 费用太贵，上不起

C. 有电脑，就没必要用手机上　　D. 不知道怎么上

E. 其他

（四）对民族团结进步创建活动的关注情况

1. 你或家人关注过民族团结进步创建活动吗？

A. 关注过　　B. 关注一点　　C. 完全没有

D. 根本没听说

2. 如果有，你或家人一般通过什么途径了解民族团结进步创建活动？

A. 报纸　　B. 广播　　C. 电视

D. 网络　　E. 手机　　F. 从未了解

G. 其他

3. 你认为电视、广播、电脑和手机对您和家人的影响大吗？

A. 很大　　B. 有一定影响　　C. 影响很小

其中，对你影响最大的是

本次问卷到此结束，谢谢你的参与与配合！

附录三：贵州农村地区受众大众媒介素养结构式访谈提纲

您好！谢谢您的参与。我想就大众媒介尤其是手机使用的相关情况对您进行采访，了解一下您的心得体会，感谢您的配合。

（1）基本信息

您来自哪里？受教育程度？您最常使用的媒介？

（2）媒介使用部分

您利用这些媒介都做什么？一般使用时间是多少？

您能够使用该媒介的哪些方面功用？如：信息资讯、学习、游戏娱乐、短视频等。

（3）媒介分析部分

您关注媒介哪些方面的信息？如：工作信息、农业信息、经济信息等。

您是否通过媒介关注家乡？关注过家乡的哪些问题？谈谈您的感受。

您是否通过媒介关注社会上热点事件？是否参与其转发、评论、回复等？

（4）媒介评判部分

您是否通过发表言论、信息分享等方式参与过媒介互动？您多通过什么方式进行信息回应？对于虚假信息、网络暴力等情况，您的应对方法是什么？

您是否在直播中购买产品？是否有通过付费来使用媒介知识的行为？

（5）媒介创作部分

您觉得自身的媒介使用能力如何？您是怎样学习使用媒介的？

您会使用公众号、微博、短视频等媒介吗？您是否参与过有关媒介素养的课程、讲座或专门培训？

您觉得村委和相关部门是否进行过媒介素养教育？您希望通过怎样的方式进行媒介素养教育？您希望提高哪些方面的媒介能力？